合併破談　その後

――合併問題から見えた日本の地方自治

早川鉦二　著

開文社出版

目次

合併破談　その後

――合併問題から見えた日本の地方自治

序章　破談に終わった合併協議

第一章　合併破談の後遺症

第二章　合併破談の総括

第三章　流れが変わった県下の合併動向

序章　破談に終わった合併協議

本書は、幻に終わった岐阜県東濃西部三市一町（多治見市、瑞浪市、土岐市及び笠原町）の合併協議の記録を綴った拙著『わがまちが残った―ひとりの研究者が見つめた幻の合併の記録―』（開文社出版、二〇〇四年）の続刊とも言うべきものである。前著を読んでいただくに越したことはないが、第一章以下のことをよく理解してもらうために、まず破綻するに至った東濃西部三市一町の合併協議の経過を簡単に述べるとともに、そこでの合併協議の特徴について触れておきたい。

第一節　合併協議の経過

多治見市民による四市三町の合併協議会設置要求

図表1は、三市一町で構成する東濃西部合併協議会の設置からその解散に至るまでの経緯を示したものである。それを補足説明する形で、合併協議の経過をみてみよう。

三市一町の経済界によって、具体的には三市一町の合併を目標に創設された陶都経済懇話会（旧東濃西部経済懇話会）が、かなり以前から合併に向けて活動していた。しかしながら、今回の合併協議の直接的な契機をなしたのは、多治見市民からなる「市町村合併を考える会」（水野正信会長）による可児市郡を含む四市三町の合併協議会設置請求である。この会が東濃西部の三市一町に加えて可児市、御嵩町、兼山町を含む四市三町の合併協議会の設置を求めた主な理由は、人口三〇万人の中核市を目指したからである。

図表１　合併協議の経過

○　平成13年度に、可児市・郡を含めた４市３町の合併協議会設置請求が出され、これを契機に、平成14年７月１日、３市１町を枠組みとした法定合併協議会である「東濃西部合併協議会」が設置されました。
▼
○　合併に係わる協定項目の協議や新市まちづくり計画に係わる協議を進めてきました。
▼
○　協議会では、平成15年６月～７月にかけて住民説明会を開催し、住民意見を把握しながら、協定項目やまちづくり計画の見直しを進めました。
▼
○　合併の判断材料がおおむね整いましたので、住民の皆さんの意向を伺うため、満18才以上のすべての住民を対象に、投票方式による住民意向調査を平成16年１月25日に実施することとしました。
▼
○　住民意向調査の結果、笠原町を除く３市で反対が賛成を上回ったため、協議会は合併協議会の解散を確認するに至り、それを受けて平成16年３月31日をもって合併協議会を廃止する案件が各市町の３月議会で可決され、東濃西部合併協議会は正式に解散の運びとなりました。

（出所）東濃西部合併協議会事務局『東濃西部合併協議会だより』（意向調査特集号）に掲載された「３市１町の合併とは・・・」の「これまでの動き」による。ただし、最後の文章を加えたほか、若干の手直しをした。

有権者の四・三％にあたる三、四七八筆の有効署名数で二〇〇一年の一二月に多治見市長に提出されたこの直接請求に対しては、土岐市長と御嵩町長だけが議会に付議する旨を多治見市長に回答するにとどまった。このためこの直接請求は、各市町議会に付議されることなく終わったのであった。

しかるにこの直接請求が、東濃西部合併協議会設置の契機となった。多治見市長自身の言葉を借りれば、次の通りである。「平成一四年の三月に合併協議会を立ち上げるということを決めたわけでありますが、その前段といたしまして四市三町の合併特例法による直接請求の署名があったわけでございますが、その際、多治見市長を除いた他の首長たちが当然その問題について意見を表明するという機会が必然的に起こってきたわけでございますが、そうした中でそれぞれの首長が東濃西部三市一町の枠組みで合併を考えようではないかということで話が始まったというふうに思っております。そうした中で合併について現在全く議論もしないで避けて通れるような状況ではないということは当然でございますし、そうしたことを前提に三市一町の枠組みで合併を考えようということで、議長さんたちもお集まりいただいて決めたということでございます」[1]。

この引用の中にもあったように、三市一町の首長及び議長が意見交換したのは二〇〇二年三月二日のことである。これに基づいて、四月一日に合併協議準備会が発足し、七月一日から東濃西部合併協議会がスタートしたのであった。

協定項目と新市まちづくり計画

合併するにあたっては、さまざまな約束事や事務事業の調整が必要である。それらのうち、合併協定書に盛られるものを合併協定項目という。新市建設計画もその一つである。東濃西部三市一町の場合では、調整が必要な事務事業は一、九〇〇項目に及んだが、合併協議会が協議した協定項目は、新市建設計画を含めて四九項目である。

それらのうち「新市の名称」だけは、「合併の是非」とともに、五つの候補から選択する住民意向調査の結果をふまえて最終的に決定することになっていたので、継続協議中であった。もっとも協議済みの協定項目に関しても、新市誕生後に決定を持ち越した協定項目の方が実際にはむしろ多い(2)。

さて合併協議の基本となる「基本的協定項目」を紹介すると、「合併の方式」は新設合併で、「合併の期日」は二〇〇五年一月一一日である。新市の名称については既述した通りであり、「新市の事務所の位置」に関しては当面の事務所の位置は現在の多治見市役所であるが、多治見市との境界に近い土岐市内に建設する。

協議が大変難航した協定項目を列挙すると、一年四ヶ月の在任特例を認めた「議会議員の定数及び任期の取扱い」、個人市町村民税の均等割を五年間据え置くことを二つの市町に認めた「地方税の取扱い」(3)、土地を処分した場合に地区住民に一定の還元をする土岐市の「特財制度」を基本的には継承した「財産の取扱い」などがある。保育料や上下水道料金などに関しても、多くの時間を費やして調整されたものの、料金の決定は実質的には先送りされた。

次に新市まちづくり計画であるが、多くの合併協議会における同様に新市建設計画作成小委員会で策定された。その際、事前に策定された新市将来構想に基づいて新市まちづくり計画が作られるケースとそうでないケースがあるが、東濃西部合併協議会はその後者のケースにあたる。

新市まちづくり計画の序論で、「合併の必要性と効果及び留意点」が述べられている。今なぜ合併なのかに関し、少子高齢化の進行、住民生活の質的変化、地方分権の進展ならびに財政基盤の悪化といった、今日市町村合併を必要とする社会的潮流や背景として、一般的に強調されていることが列挙されている。生活圏の広域化という一般的な指摘に代えて、住民生活の質的変化ということが使われているのが少し目新しい程度である。

新市のキャッチフレーズは、「~活力、安心、創造を求めて~みんなでつくる、緑あふれる、交流のまち」である。「みんなでつくる、緑あふれる、交流のまち」という新市の将来像を実現するために、「地域資源を活かした活力あるまちづくり」の「活力」、「だれもが安心して暮らせるまちづくり」の「安心」、「人と人、人と自然が支えあう協働・共生のまちづくり」の「協働」の三つの基本理念が設定された。それらの基本理念から、「魅力あふれる活き活きとしたまち」など七つのまちづくりの基本方針を導き出し、そのもとに新市の施策が掲げられている。そこで列挙されている事業の多くは、各市町の総合計画に盛り込まれていたものである。[4]

新市の財政計画（二〇〇五年度~二〇一四年度）によると、一〇年間の財政規模は七、一九四億八、六〇〇万円である。合併特例債を一〇年間で五八五億七、七〇〇万円（基金造成三八億円、建設事業五四七億七、七〇〇万円）を見込んでいるため、地方債残高は二〇〇一年度の五九六億円が合併後一〇年目にあたる二〇一四年度末にはその二倍近い一、一八〇億円に膨らむ。他方、投資的経費は一〇年間で一、八九三億円で、歳出規模の二六%を占める。人件費は一〇年間で二六〇人の職員削減などにより、二〇〇五年度の一七〇億七、一〇〇万円が二〇一四年度には一四〇億円に減少する。なお算定替特例がなくなる合併経過一五年後の地方交付税を試算すると、現在より三〇億一、四〇〇〇万円少なくなる。それに対して、一四年経過後の二〇一九年度の人件費削減額は二一億二、二〇〇〇万円、物件費の削減額は一〇億五、七〇〇〇万円で、ほぼバランスがとれている。[5]

以上のような新市まちづくり計画が策定されたのであった。

合併協議会による住民説明会の開催と協定項目ならびに新市まちづくり計画の見直し

これまで見てきた新市まちづくり計画は、二〇〇三年三月の合併協議会で承認された。これに対し、協定項目に関してはまだ全部の協議を終えていなかったが、住民の意見や要望を聴くため六月から七月にかけて三市一町の二一会場で、合併協議会主催によって住民説明会が行われた。基本的には中学校区単位で開催されたこの説明会の出席者数は、二、四三七名を数えた。三市一町の人口が二二万人であることを考慮すれば、この数字は決して多くはないが、合併協議会発足後間もなく行われた各市町による住民説明会の一、六〇四名をかなり上回った。

住民説明会ではかなり活発な質疑や意見が交わされたが、とりわけ議員の在任特例への批判や住民投票を求める声が相次いだ。これらの質疑や意見、出席者によるアンケートへの記入事項は、協議会事務局によって『住民説明会　質問・意見等分類一覧』としてまとめられた。

これに基づいて、協定項目と新市まちづくり計画の見直しが合併協議会で行われた。この見直しの結果は、次の通りである。

合併協定項目に関わることでは、「都市計画に関する取扱い」が一部修正されたほか、最終的には変更に至らなかったが、議員の在任特例の見直しについて協議会で多くの時間をかけて協議された。また「都市内分権等検討小委員会」が設置され、都市内分権の検討が始まった。その他、住民投票を実施して欲しいという住民の声に直接応えたものではないが、投票方式の住民意向調査の実施が決まった。新市まちづくり計画に関しては、計画案の文言の修正などに加え、職員削減計画が二六〇人から三〇〇人に増え、そしてこの人件費を中心に財政計画に若干の修正が施されるに至った。

これらのうち、住民意向調査の実施が決まった経緯を若干補足したい。

西寺多治見市長は当初から住民投票を行う意向を明らかにしていたのに対し、他の二市一町の首長は議会制民主主義を建前にして、それまでは住民投票を行う意思がないことを表明していた。ところが見直しの検討を始めたばかりの合併協議会で、「合併にかかる住民意向の把握方法について」という案件のもとに、「住民意向調査の実施について」が多治見市長を除く三首長によって提案された。

そこでは、次のように提案説明がなされている。「合併に関する住民の意思をどのように確認するかにつきましては、住民説明会におきましても、住民投票やアンケート調査を求める意見もございまして、大変重要な事項と認識をしております。これまでに二回の首長の打ち合わせ会議の議題として協議をいたしましたが、多治見市長さんからは、住民投票の実施を予定している旨の意見がありまして、他の市町の首長さんからは、投票方式の住民意向調査の実施について提案があり、現段階では合意に至っておりません。しかしながら、合併という点から考えまして、三市一町が共通の方式で意向確認を行うことは極めて重要であるのではないかと考えまして、二市一町の首長の共同提案という形で[6]」提出した。

　この提案を受けて、協議会では合併の是非に「どちらともいえない」を入れるかどうかということと、反対が賛成を上回った場合に「枠組みを含めて見直す」のか、あるいは「尊重する」にとどめるのかという「調査結果の取扱い」が、主として大きな問題となった。しかし最終的には、合併に関する是非の選択肢として「どちらともいえない」を加えた三択とし、調査結果の取扱いは「協議会は、得票結果を尊重して、合併協議を行うものとする」ことで、住民意向調査の実施が協議会で決まったのであった。

住民意向調査の実施と合併協議会の解散

住民意向調査の投票日を二〇〇四年一月二五日と決めたのは、前年九月一二日の協議会であった。ちょうどその頃、三市一町の各市町による説明会が再び開催された。今回の説明会は、各市町にとっての合併のメリットやデメリット、合併しなかった場合の財政見通しなどが中心のテーマであり、住民が合併の是非を判断する重要な説明会となった。三市一町の四四会場で行われ、出席者は協議会主催による説明会の出席者を少し上回る二、七〇八名であった。

さて**図表2**は、住民意向調査実施結果である。大方の予想に反して、笠原町を除く三市で反対が賛成を大きく上回ることになった。そしてこの結果は、賛成、反対のいずれか多いほうに従うとしていた西寺多治見市長を除いて、その取り扱いについて合併反対に高いハードルを設けていた高嶋瑞浪市長や塚本土岐市長のそれぞれの高さを超えたものであった(7)。つまり、瑞浪市長は五〇%以上の得票率で、反対が有権者の二五%以上としていたのに対し、結果は投票率五九・三%で、反対が有権者の四〇・〇%を占めた。土岐市長は反対が有効投票の過半数としていたのに対し、反対が有効投票の六一・五%に達した。瑞浪市や土岐市においても、まさに反対に文句のつけようがないほど反対派の圧勝に終わった。

これを受けて、二〇〇四年三月三一日をもって協議会を廃止するという「東濃西部合併協議会の廃

図表 2　住民意向調査実施結果

	多治見市	瑞浪市	土岐市	笠原町	合計
賛成	15,365 （34.7%）	5,337 （26.2%）	9,315 （30.3%）	3,987 （67.3%）	34,004 （33.6%）
反対	25,181 （56.9%）	13,439 （65.9%）	18,619 （60.6%）	1,302 （22.0%）	58,541 （57.8%）
どちらとも いえない	3,311 （7.5%）	1,335 （6.6%）	2,346 （7.6%）	587 （9.9%）	7,579 （7.5%）
無効	388	282	450	45	1,165
合計	44,245	20,393	30,730	5,921	101,289
投票資格者数	84,811	33,579	51,832	9,533	179,755
投票率	52.2%	59.3%	60.7%	62.1%	56.3%

（注）（　）内は得票率である。

止について」の議案が、三市一町の各市町の三月議会でそれぞれ可決された。かくして、東濃西部合併協議会は二〇〇四年三月三一日をもって一年八ヶ月の歴史の幕を閉じたのであった。

なおその後、二〇〇四年五月に笠原町長が多治見市長に合併を申し入れ、七月一日に多治見市・笠原町合併協議会が発足した。このように、新たな枠組みでの合併協議が始まった。一二月二七日には合併協定書の調印が行われ、二〇〇五年一月の両市町議会での合併議決後、知事への申請が行われるに至った。こうして、二〇〇六年一月二三日に新しい多治見市が誕生した。

第二節　合併協議の特徴

まれにみる三市の合併問題

まず東濃西部三市一町の姿を、**図表3**の圏域図と**図表4**の東濃西部三市一町の概況で見てみる。

圏域は岐阜県の南東部に位置し、愛知県と接する。豊富な陶土を埋蔵するほか、土岐市から瑞浪市にかけて、わが国では最大のウラン鉱床がある。圏域のほぼ中央部を土岐川が流れ、盆地状の地形に市街地が形成され、圏域の大部分が比較的ゆるやかな丘陵地帯からなる。この丘陵地帯に、多治見市では大規模な住宅団地、瑞浪市では多くのゴルフ場がある。土岐川沿いにＪR中央線、中央自動車道、国道一九号線といった交通の動脈が走る。さらに、名古屋市を中心とした三〇～四〇キロメートル圏に分散する自立性の高い都市群を結ぶ東海環状自動車道の東ルートが二〇〇五年春に開通したが、リニア中央新幹線の実現と圏域内への駅設置に大きな期待をかける。圏域はまた、核融合科学研究所や

図表3　圏域図

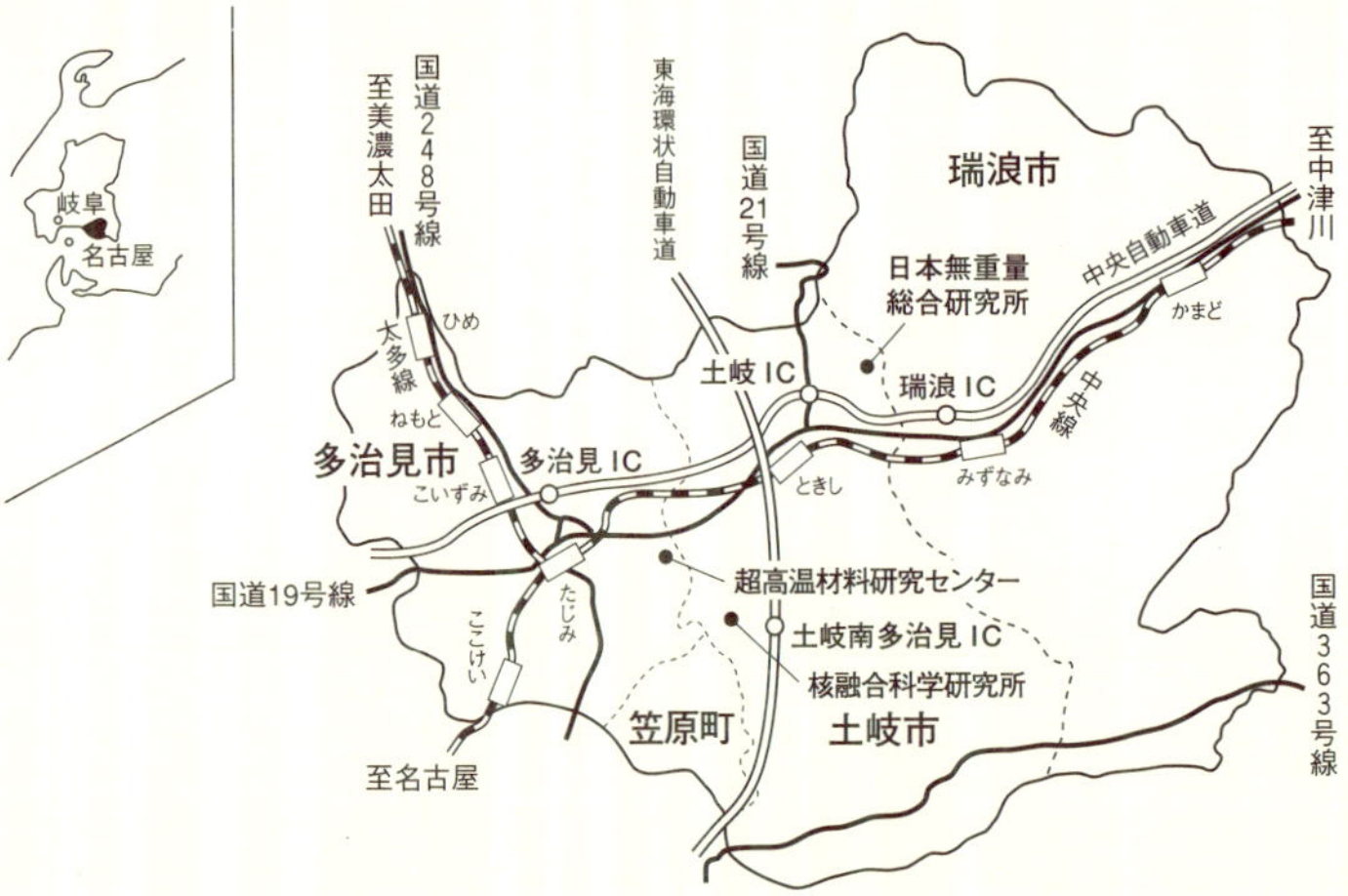

超高温材料研究センター、日本無重量総合研究所などの「極限環境」をテーマとした研究開発機能が集積する東濃西部研究学園都市に指定されている。さらに、首都機能を東濃に移転促進する運動も展開されている。

これまで名古屋市のベッドタウンとして人口増加がみられた多治見市を除くと、人口はあまり変化していない。三市一町が合併すると、面積は三八二・三平方キロメートルで、人口は二二万人を超える。開発行為の許可などの都市計画に関する業務や、水質汚濁防止などの環境行政などに関する権限が移譲される特例市となることができる。産業別就業人口の割合では、地場産業である陶磁器産業が盛んであるため、第二次産業のウェイトが非常に高い。この地場産業が日本経済の低迷と中国などの追い上げによって、厳しい状況下にある。バブル経済の崩壊によって、タイルのまちで知られる笠原町の財政力指数が〇・八近くから〇・五

図表4　東濃西部3市1町の概況

		多治見市	瑞浪市	土岐市	笠原町	合計
面積（km^2）		77.79	175.00	116.01	13.45	382.25
可住地面積（km^2）		35.48	43.33	34.19	6.17	119.17
人口	2000年国調	104,135人	42,298人	63,283人	11,605人	221,321人
	1995年との比較	約3％増加	約1％増加	約4％減少	約2％減少	ほぼ変化なし
	0〜14歳	17%	15%	15%	14%	16%
	15〜64歳	68%	65%	65%	68%	67%
	65歳以上	15%	20%	20%	18%	17%
産業構造	第1次（人・2000年国調）	0.5%	3.1%	0.6%	0.4%	1.0%
	第2次（〃）	34.7%	37.7%	44.7%	54.3%	39.3%
	第3次（〃）	64.8%	59.2%	54.7%	45.3%	59.7%
歳入	歳入合計	308.8億円	155.6億円	224.1億円	40.5億円	729.0億円
	地方税	43%	33%	33%	30%	37%
	その他	41%	45%	43%	41%	42%
	地方交付税	16%	22%	24%	29%	21%
歳出	歳出合計	292.0億円	146.6億円	218.4億円	38.5億円	695.5億円
財政指標	財政力指数	0.720	0.650	0.579	0.509	0.649

〈注〉　財政関係は普通会計の1999〜2001年度平均のものである。
（出所）　東濃西部合併協議会『〜活力、安心、創造を求めて〜みんなでつくる、緑あふれる、交流のまち（東濃西部3市1町合併協議の状況報告書）』1頁の「3市1町の現状」による。ただし、円グラフは省略した。

に大きく低下したように、三市一町の財政状況は厳しい。

さて問題は、このような状況下にある三市の合併協議である。たとえば二つの市である場合でも、大都市が小都市を合併するケースはそれ程珍しくないが、大きな差がない似たり寄ったりのまち同士の合併は大変むずかしい。なぜなら、小さな市であっても町村とは違って財政的に自立の基盤があることに加えて、これまで発展してきた長い歴史の重みがあるからである。編入合併は受け入れがたいし、新設合併は協調を欠くきらいがある。

岐阜県下でも、こうしたケースがあった。関市と美濃市を含む中濃地域二市五町村で「中濃地域市町村合併検討協議会」を設置したものの、関市への編入合併に不満を抱いた美濃市は、法定の合併協議会への参加を見送ることになり[8]、新しい関市は五町村を編入して誕生したのであった。美濃市と他の町村との違いが、こうした異なる対応をもたらしたと考えられる。

三市の場合でも同様である。あるいはそれ以上に困難と言うべきかもしれない。平成の大合併でも、浦和市、大宮市ならびに与野市の三市が合併して誕生した「さいたま市」を除くと、三市が合併したケースは見当たらない。

このようにみてくると、東濃西部三市一町の合併協議は、大変困難な問題をそもそも抱えていたと言ってよい。しかも三市が、それぞれ峠で分断され、串ダンゴのようにつらなる地理的条件も合併に向かないといえる。

唐突な合併協議会の立ち上げ

二〇〇二年三月五日の各紙は、「三市一町で合併協」(『中日新聞』)とか、「法定合併協設置へ」(『朝日新聞』)の見出しで、三月二日に三市一町の首長・議長が意見交換会を開催し、六月をめどに法定合併協議会を設置することで合意をみたことを報じた。[9] 住民はこれで初めて、東濃西部三市一町の合併問題を知ったのであった。

住民発議によって法定合併協議会が設置される場合を除いて、まず任意の合併協議会が設置され、そこでの協議や住民説明会を踏まえて、法定の協議会の設置に進むのが一般的である。ところが東濃西部三市一町の場合は、任意の協議会が設置されることもなく、また住民への合併に関する説明会も行われることもなく、六月をめどに法定協議会を目指すことが報道された。まさに住民にとって、三市一町の合併協議は本当に唐突な出来事だった。

ところで、なぜそんなに急いで合併協議会が設置されることになったのか。二〇〇五年三月までの合併を目ざしていたことを考えれば、言うまでもなくそれは市町村合併特例法の適用をみすえたものであることは明らかである。

次にこれは後日知ったのであるが、これら三市一町で組織する東濃西部広域行政事務組合は、この

図表5　3市1町の合併についての意見

	①賛成である	②反対である	③合併は必要ないが協力関係は強化	④わからない	⑤無回答
全体	34.1	7.3	38.7	14.8	5.1
多治見市	32.3	6.4	41.2	16.2	4.0
瑞浪市	28.8	8.3	43.0	13.4	6.5
土岐市	35.5	7.6	36.4	14.7	5.8
笠原町	46.0	9.4	29.9	11.5	3.2

（出所）東濃西部広域行政事務組合『第4次東濃西部地域広域市町圏計画　意識調査報告書』2000年11月、113頁。

発表に先立つことわずか一年前の二〇〇一年三月に、合併でなく広域連合の設立を検討する必要を述べた『第四次東濃西部地域広域市町圏計画』を策定したばかりであった。そこでは、「三市一町の合併」について次のように書かれていた。

「地方分権への動きが加速する中で、各市町が主体となって住民参加を進め、自ら考え、自ら行動し、個性豊かな地域社会を形成していくことが強く求められています。

しかしながら、住民の日常生活圏の拡大により、住民ニーズが一自治体で充足しなくなっている中で、各市町がお互いに連携し、役割を分担しながら一つの地域社会を形成することが必要となっています。

また、第四次の広域圏計画策定に先だって実施したアンケートでは、三市一町の『合併に賛成』する意見よりも、『合併は必要ないが協力関係を強化していくべきである』という意見が多く見られました。

こうした状況を認識し、より広域的連携を深め、組織強化を図るため、国および県からの権限委譲が可能な『広域連合*』の設立について前向きに検討していくことが必要です。こうした取り組みを行う中で、圏域住民の一体感と住民意識の醸成が図られた段階で三市一町の合併を検討します」[10]。

なお、この引用文にある住民アンケートの結果を示したものが**図表5**である。

このように、三市一町の合併問題はもっと将来のこととして先送りされていた。しかるに、その計画を策定した時の広域行政事務組合の管理者と副管理者が、わずか一年後に三市一町の合併協議に合意したのであった。この点でも、大変唐突であったと言わざるをえない。

開かれた合併協議会

以上のように合併協議会が唐突に立ち上げられたので、合併論議から住民が置き去りにされた。これは住民無視もはなはだしいと言った方がよいかもしれない。

とはいえ、他の合併協議会に比べると次にみるようないくつかの評価すべき点がある。

まず第一に協議会委員の選出に関することであるが、三市一町から各五名と全体枠の大学教授二名の学識経験者のうち、関係市町の長が選任する一部の委員が公募によって選任された。多治見市は二名、土岐市は一名を公募したところ、前者は八名、後者は五名の応募者があった。瑞浪市と笠原町に関しては、一名が団体推せんで公募され、それぞれ二団体から推せんがあった。公募で協議会委員を選任することは、当時としてはかなり画期的なことであった。

次に、どこの合併協議会でも会議録や会議資料は積極的に情報公開しているが、財政に関する資料に関してはあまり積極的ではなかった。たとえば合併特例債を借り入れた場合、利子を含めた全体の償還額はいくらであり、そのうち交付税の算入額や新市町の一般財源の負担額などが各年度でどうなるかをわかりやすく示した一覧表は、合併特例債を理解するに不可欠な資料である。また合併すると、地方交付税がどれだけ削減されるかを知ることができる普通交付税一本算定試算表や、合併した場合の財政効果をわかりやすく示した表などは、合併を考える上できわめて重要な資料である。住民はもちろんのこと協議会委員でさえ、こうした財政資料にアクセスできないような合併協議会もみうけられたが、東濃西部合併協議会は積極的に公開していた。

合併協議会による住民説明会が開催され、それを受けて協定項目や新市まちづくり計画の見直しが行われたことは、「合併協議の経過」の中で既に述べた。多くの場合、住民説明会と言っても主催者側の一方的なお知らせか、そこでの住民の意見や要望は聞き置くにとどまる。余程のことでもない限り、正式な会議にかけられることは少ない。これに対し東濃西部合併協議会では、意見やアンケートがきちんと分類整理され、項目ごとに見直しの論議が行われたのは、特筆に値しよう。

このように見てくると、その立ち上げに際しては大変問題のあった東濃西部合併協議会であるが、その後のあり方に関してはそれなりに住民に開かれた合併協議会であったといえる。

〔注〕
(1)『平成一六年第一回多治見市議会定例会会議録』一八五頁。
(2)合併後調整を必要としない協議項目は、約五〇項目のうち三割か四割にとどまるという［多治見市議会『合併問題調査特別委員会会議録』（二〇〇四年三月一五日）一頁］。
(3)二〇〇四年度から個人市町村民税の均等割が人口規模に関係なく年額三、〇〇〇円となったが、それまでは人口が五万人以上の市町村は二、五〇〇円、五万人未満の市町村は二、〇〇〇円であった。
(4)この「協働」が新市のキャッチフレーズでは「創造」となっている。
(5)二〇一九年度の数字は、東濃西部合併協議会『東濃西部合併協議会　住民説明会　東濃西部三市一町合併協議の状況報告』（二〇〇三年六月一三日現在）二六頁による。
(6)『第一六回東濃西部合併協議会　会議録』三九頁。
(7)「意向調査に当たっての四人の首長の考え」は、第一二回東濃西部合併協議会の資料一二―一や、東濃西部合併協議会事務局『東濃西部合併協議会だより』（意向調査特集号）などに掲載されている。
(8)「合併方式は新設合併」「新市名は美濃の名前を尊重」のうちいずれか一方を譲歩するという美濃市の譲歩案に対し、関市は「関市への編入合併、新市名は関市」という条件に賛同できる市町村と法定協議会を立ち上げたいと主張したのであった。このため「このまま、合併をしても対等な立場でのまちづくりの議論はできず、特性を活かした、夢のある美濃市の発展は見込めない状況です。そこで、やむを得ず、苦渋の選択として美濃市は、自立の道を歩もうと考え」（『広報みの』No.六〇六、二〇〇三年三月一五日）たのであった。
(9)『東濃西部合併協議会だより』創刊号に掲載された「東濃西部合併協議会設置までの経緯」によれば、「三市一町の首長及び議長が意見交換（七月の法定協議会設置を目指した合併協議準備会の設置を確認）」とあるが、新聞報道では六月である。
(10)東濃西部広域行政事務組合『第四次東濃西部地域広域市町圏計画』二〇〇一年三月、一九頁。なお引用文中の＊印は、巻末に用語の説明がしてあるという印である。

第一章　合併破談の後遺症

第一節　情報（電算）システム統合と消防通信指令システム統合から土岐市離脱

合併するしないに関わらずに進められたシステム統合

二〇〇四年一月二八日に開催された合併協議会によるその解散の確認に先立って、実は三市一町で組織する東濃西部広域行政事務組合で処理していた情報（電算）システム統合と消防通信指令システム統合に関して、土岐市から白紙撤回の申し出が行われていたのであった。住民意向調査が実施された翌日、つまり一月二六日のことである。

これまでの経緯を述べるに際し、まず情報システムの統合とか、消防通信指令システムの統合とはどういうことなのかをみてみよう。

情報システム統合とは、各市町で電算処理されている住民記録や印鑑登録、税関連、人事給与など(1)のシステムを統合することである。他方、消防通信指令システム統合とは三市がそれぞれの電波でそれぞれの区域内で行っている現行の消防通信指令システムを統一して、三市一町のどこからでも住民が一一九番通報すれば、新たに設けられた消防本部につながり、本部から各消防署や消防団に緊急出動の連絡が入り、また出動現場と本部との通信連絡が行われるようにすることである。

さてこれら二つのシステム統合の問題が、合併協定項目でどのように決められていたのかを見たのが**図表1**である。

電算システム事業で、「二二万四千人の人口規模を想定した新たな構築を基本とする」[2]協議内容となったのは、各市町のシステムの導入時期はまちまちであるが、全体的にはシステムを見直して、更新すべき時期に来ていること。また、合併するかしないかに関わらず、二二万都市にふさわしいシステムの統合を図っていく必要があるからである。[3]

通信システムに関しては、合併時の新たな構築が掲げられているにすぎないが、合併協議会では「消防体制につきましては、広域消防の組織化につきまして平成一一年度から協議がなされておりま す。合併に向けてさらに調整していくこととなるわけでございます。特に、通信システムにつきましては、全国的にデジタル化されるため、そのことも考慮し協議がなされております」[4]、という説明が行われている。なおこのデジタル化とは、二〇一六年度までに義務づけられているが、二〇一一年度までにデジタル化した場合は、アナログでも対応する併用の義務があるという。

合併協定項目の協議内容には、以上のように情報システムも消防通信システムも、合併時の新市に

図表1　電算システムと消防通信指令システムに関する合併協定項目の協議内容

23.　電算システム事業の取扱い	住民サービスの低下を招かないように、合併時に新市におけるシステムを新たに構築することを基本とし、電子自治体として対応できる環境整備を行うことを目指す。（第4回協議会にて決定）
25－7　消防防災関係事業	消防防災関係事業については、次のとおりとする。 1．消防業務については、業務の一体性を速やかに確保するため、管轄区域の見直し及び出動体制等について、合併時に統一を図る。 2．消防計画については、新市において速やかに策定する。 3．通信システムについては、合併時に新たに構築する。 4．防災会議については、合併時に新たに設置し、新市において地域防災計画を作成する。 5．防災行政無線（同報系）については、暫定的システムを合併時に構築し、新市において速やかに統一を図る。また、運用については、合併時に統一を図る。 6．防災行政無線（移動系）については、新市において速やかに統一を図る。（第14回協議会にて決定）

（出所）多治見市『多治見市合併説明会　付属資料』35 － 36頁。

おける新たな構築が盛り込まれている。しかしながら、合併するしないに関わらず統合を進めるべきであるとして、広域行政事務組合で行うことになったのであった。

合併しない場合でも情報システム統合を進めるということは、合併協議が進む中で持ち上がってきた。このため、合併協議会第五回幹事会（二〇〇二年一一月一日）が広域組合で電算システム統合の事務を行うことを決めたのは、合併協定項目の「電算システム事業の取扱い」を決定した第四回合併協議会（二〇〇二年一一月一一日）の開催に先立つこと一〇日程前のことにすぎない。

これに対し、消防通信指令システム統合の問題は、合併協議とは無関係にかなり以前から検討されてきた。しかし広域で実施することが了承されたのは、二〇〇三年一一月四日の三市一町首長打ち合わせ、続く一一月七日の助役会議ときわめて最近のことである。

このようにして、広域行政事務組合が取り組むことになった。このため、組合の事務事業として「情報システムの構築に関する事務」と「消防通信指令システム統合事業」が、組合規約に追加され、広域行政事務組合は合併時のシステム統合に向けて、精力的に取り組むに至った。

新市における情報システムの構築に関しては、（株）大和総研に調査設計が業務委託された。その大和総研からNECを推す推奨案が提出されたが、住民情報については大和総研の推奨案をめぐって、三市一町で意見が分かれた。住民記録システムなどを（財）岐阜県市町村情報センターに依存していた瑞浪市と土岐市は、大和総研の推奨案に難色を示した。(5) なお、多治見市と笠原町の住民記録システムなどの業者は、ＮＥＣである。また、ＮＥＣの場合が一〇億円、情報センターであれば七億円という情報システム構築費用に関しても、土岐市は安い情報センターにすべきことを強調した。瑞浪市は、電子自治体への対応ということであれば、ＮＥＣでもよいとする態度であった。さらに情報センターのもので、果たして合併時に間に合うかどうかも、争点となった。以上のような意見の相違のため情報システムの選定がなかなかできなかったが、二〇〇三年一〇月一八日の広域行政事務組合の管理者会議で多数決によりＮＥＣに決まり、二〇〇四年一月二〇日には情報システム構築業務が、約八億四、〇〇〇万円で五事業者と委託契約されるに至った。(6)

新たな情報システムの構築は、以上のように大変難航したのであるが、消防通信指令システムの構築はスムーズな展開をみた。現在の三市の消防通信指令システムを多治見市のシステムに統合することに決め、アナログ無線統合に要する事業費、一億四、〇〇〇万円を盛り込んだ二〇〇四年度予算を広域行政事務組合の議会に提出することが、二〇〇四年一月二一日の管理者会議で承認されたところである。

以上のように、情報システム構築に関しては委託契約を終え、消防通信指令システム構築についてはそれに必要な経費を二〇〇四年度予算に計上することを決めたその時に、土岐市は両事務からの白紙撤回を申し入れたのであった。合併するしないに関わらず統合を進めていた事業であるだけに、関係者の驚きは想像に余るものがあったにちがいない。合併がご破算になった衝撃に加え、もう一つのショックが関係者の間を走ることになった。

離脱の理由

それではなぜ土岐市は、白紙撤回を申し入れたのか。二〇〇四年一月二八日の管理者会議での塚本土岐市長の発言を整理すると、次の通りである。

情報システムに関しては、①NECだとかなり高くつくので、住民に対する説明責任が果たせない。②市長会として、業務の標準化と開発システムの共同化を国に要望している段階にある。③土岐市の情報処理の基盤整備は、それほど遅れていない。これらのことから、「当面白紙、合併が白紙化したという段階では、情報システムについては、県下の大半の市町村が参加している情報センターを選択するのもひとつの選択ではないかというの(7)」である。土岐市がとりわけこだわっていたのは、①の金額の点にあるように思われる。

消防通信指令システムについては、①合併が白紙に戻った以上、従来通り三波をそのまま利用することができる。②今統合しても、デジタル化の時にはそれが使えない。「こういうことから白紙に戻して一旦改めて協議を進めていけばいいよ、時間をかけて、しっかり協議すればいいという(8)」のである。

そしてまた、合併協議会がその解散を確認したのが一月二八日であったが、それ以前の意向調査の翌日に白紙撤回を申し入れたのは、「この問題は方向性を早く出さないと、日にちが経てば経つほど、先程ちょっとご心配がありましたような補償の問題でも日が経てば経つほどそれは大きなものになっていく」[9]からであるという。

さて、いくら合併しなくても共同で行う事業ではなかったのかと反論しても、土岐市からこうした離脱の意思表示が行われた以上、それはいかんともしがたい。それ以後も話し合いが続いたが、結局三市一町による情報システム統合から土岐市は離脱することになり、残る二市一町で事業を継続していくことになった。他方、消防通信指令システム統合事業は取り止めることに決定したのであった。

この問題は、三市一町の三月議会でもかなり大きく取り上げられた。土岐市が離脱するに至った経緯であるとか、離脱をどう受け止め、これからの取り組みはどうするかなどが主な論点であった。ここでは、離脱にはあたらないという土岐市議会での助役の答弁を紹介したい。

「情報システムの統合につきましては、合併すれば一つの市になるわけでございますので、事務事業、あるいは制度、手続等、いろいろと調整をした上で、情報システムの統合するということでございます。しかし、合併が白紙ということであれば、事務事業、そういった手続等については調整なされないわけでございますので、システム統合ということは非常に不可能であるというふうに私たちは思っております。したがいまして、広域で進めております、いわゆる推奨案なるものにつきましては、我々がノーと言おうが言うまいが、これは進められないというふうに思っておりますので、我々としては離脱をしたというふうには考えておりません。

それから、消防通信システムでありますが、これにつきましても合併あるいは広域で広域消防をやるということであれば、これは通信は必ず一つにしなければなりません。しかし、合併が白紙になりましたし、また広域消防につきましても日程が決まっておるわけではございません。そういった以前に、システム統合を当面する必要はない。あえてすれば、二重投資になるということでございますので、そういった意味で我々としてはやらないという結論を出したわけでございますので、離脱とかそういうことには当たり《（ママ）》ないというふうに思っております」[10]。

不信感の醸成

以上が、三市一町による二つのシステム統合問題の経緯である。私は、この問題について次のようなことを思う。

合併するしないに関わらず統合するということで、組合事務として進めてきた事務事業を、合併がご破算になったからと言って取り止めたいという土岐市の考えは、あまり説得力を持たない。なぜなら、情報システム統合の決定過程で意見の対立があったのは事実であるが、合併がダメになって情報センターの方がよいという、従来の主張を土岐市が繰り返すのは、大和総研の推奨案にした広域行政事務組合の意思決定をないがしろにするものである。組合の意思決定に重大なミスがない限り、土岐市の行動は認めがたい。そしてまた土岐市の助役が言うように、合併が白紙になれば情報システム統合は本当に不可能なのか。たとえば公共料金などが三市一町で統一されないので、システム統合の効率が制約されるということは理解できるが、それでも三市一町が共同でやろうとすれば、それなりにできるのではあるまいか。事実、土岐市を除く二市一町で行うことになっているのである。(11)

消防通信指令システムに関しては、二重投資を避けるためだと言うのであるが、二重投資の問題は広域でやることを決める際に十分に知られていたことである。その了解の下で進められてきたことを、いかにもそれが問題であるかのように主張しても、説得力を持つものではない。

この問題を通して次に感じたことは、合併協定項目の審議に際し、土岐市と他の二市一町の委員の間には取り組む姿勢にかなりの差異が見られたが、それと同じことがここでも言えるのではないかということである。つまり、土岐市の委員は他の二市一町の委員に比べると、土岐市にとってのメリット・デメリットに固執する傾向が強い。(12)このため、合併が流れて土岐市にとってどうなのかの判断が優先されるに至ったのではなかろうか。

これでは三市一町の合併は、しょせん無理な話であったことをあらためて認識させたとも言える。

そしてまた、土岐市のこうした行為は、たとえ白紙に戻った三市一町の合併問題が再燃したとしても、その実現を遠ざけることになるであろう。なぜなら、合併するには三市一町の一体感の存在が不可欠であるが、かえって三市一町の間に不信感を醸成することになったからである。

もっとも合併問題はさておき、三市一町が協力して行政をすすめることは必要である。その必要性がますます高まっているだけに、今回の問題によって三市一町の協力関係を後退させることがあってはならない。

第二節　市民団体の高嶋瑞浪市長への公開質問状

最後の合併協議会での発言

三市一町合併に関する住民意向調査実施後に、「埋めてはいけない！核のゴミ実行委員会・みずなみ」（代表市川千年）や「多治見を放射能から守ろう！市民の会」（代表井上敏夫）など五団体から、高嶋芳男瑞浪市長に公開質問状（二〇〇四年二月一六日付）が提出された。

それは、市長の政治的責任をただした質問項目の5を除くと、最後となった二〇〇四年一月二八日開催の合併協議会での発言に関したものである。その発言というのは、投票結果に対する考えを述べたものである。少し長いが、その一部をまず紹介したい。

「この結果につきましては、私といたしましては、まさか、という思いでありました。よく考えてみますと市民の皆さん方に合併の必要性ということを理解していただけなかったとこういうふうに思っております。また、私どもがそのことについてしっかりと十分な説明がしきれなかったと、こういうふうにも思っております。私はメリットだとかデメリットとかそういう問題ではないと、将来を見据える中でご判断をしていただきたかったという思いをしております。なんか身近なところの尺度で市民の皆さんが判断されたのではないかとそんなことも思っております。この地域、この現状を考えますと、住民投票、住民意向調査投票というのは合併ということについてそぐわなかったのではないかという思いもいたしております。（中略）

私はこの合併が達成された時に、市町村合併に関する電源三法の取扱いということを考えてまいりました。仮に合併が成立したといたしますと、それ以後でも瑞浪市と土岐市さんは多分三年ぐらいは瑞浪市には四億四千万、土岐市さんには三億八千万の独自に使える金が入ってくるわけであります。これは少し不公平ではないか、こういうふうに思っておりまして、多治見市さん、笠原町さんにもその恩恵が受けられるように実はこの一年半の間に私なりに努力をしてまいりまして、この一月二〇日付けで、もしも、瑞浪市と合併がなったとしたら、多治見市さんには、これは私の試算でございますが、およそ六億円、笠原町さんには六千万円、土岐市さんが増額の五億八千万円になりまして、私の所は四億四千万で変わらずではございますが、総額で一七億円というお金が毎年入ってくる、実は手立てもいたしてまいりました。お金のことを言ってはなんですが、やはり、お金もないと、やりたい事業もできないことは確かであります。そういう意味で私なりにこの合併協の皆さんそして、三市一町の市民の皆さんにも、一つの土産として努力した訳ですが、それも残念ながら今となってはどうにもならなくなりました[13]」。

質問事項と回答

瑞浪市長の以上のような発言内容に対する疑問から、公開質問状が出されたのであるが、公開質問状にはこの質問状を出すに至った理由がかなり詳細にかかれているが、ここでは省略する。これに対する瑞浪市長からの「公開質問状に対する回答」は、三月一日付けで行われている。質問事項と回答を併記する形で全文掲載すると、次の通りである。

質問事項1と回答

「あなたは、投票結果について、『合併が将来の問題であったにもかかわらず、市民は身近な尺度で判断したのではないか』と評価されました。この評価の根拠を説明して下さい。」

「少子高齢化の進展や地方分権が進む中、自主財源の乏しい三市一町では自立した自治体を作るためには行政のスリム化・効率化を進めなければなりません。合併は究極の行財政改革であるとの観点から、協議を進めてきたところであります。スケールメリットは合併したとしてもその効果がすぐに出るものではありません。また、市民が実感できるかはわかりません。逆に『名称が変わる』『市役所が遠くなる』といったことについては合併しない現状でも実感できるものです。これを『身近な尺度』と表現したものです。」

質問事項2と回答

「あなたは、『住民投票、住民意向調査投票は、合併についてそぐわなかった』と発言されました。合併という重大事について、市民の意思を直接確かめる民主的な方法が、なぜ『そぐわなかった』のか説明してください。また、では、どのような方法で合併の是非を判断すべきだったとお考えですか。」

「自治体は総合行政です。市町の合併の是非を判断するためには、全体的視点に立って総合判断が求められます。一方、住民一人一人をみますと、年代や職業あるいは生活地域によっても是非の判断基準が大きく異なります。住民投票は同じ判断基準の基で是非判断が行われるべきであると考えます。したがって合併のような総合判断を要する事項は議会が最もふさわしいと考えます。」

質問事項3と回答

「あなたは、今後、合併問題が浮上した場合、住民投票や住民意向調査投票によって住民に合併の是非を問うことはしないという考えですか。」

「『是非』を問うことはしないと思います。」

質問事項4と回答

「あなたは、合併にともなう電源三法交付金について、一年半にわたって国に働きかけながら、その間に何度も開かれた合併協議会に報告すらしてきませんでした。その理由を説明してください。また、国への働きかけを示す要望書等を公開し、事実経過、並びになぜ単独でこのような要望を行ってきたのかについて説明してください。」

「上京の際に、合併問題に伴い交付金の扱いについて口頭で要望してきたところであり、新市となった場合の財源確保という意味合いで改正の道筋がついてから報告すべきと考えておりました。たまたまその時期が一月二八日の解散を確認する合併協議会に重なったものです。

これが事実経過であり、要望書等は作成しておりません。」

質問事項5と回答

「あなたは、他の三首長とともに、約一億四千万円の経費をかけ合併推進の政策を進めてきました。しかし、瑞浪市においては、合併に反対の票が賛成の票の二・五倍強となり、あなたの政策は市民によって否定され、合併は破綻しました。この政治的責任をどのようにとられますか。」

「市民はそれぞれの立場から三市一町の合併を否定したのであって、私の政策を否定したとは考えておりません。また、投票前に結果の取扱いについて公表しており、それに反する決断をするのであれば政治的責任問題になるものと考えます。」

議会至上主義

五団体による質問とそれに対する瑞浪市長の回答は、以上の通りである。

合併協議会の会議録を見て、住民意向調査は合併にそぐわなかったという瑞浪市長の発言にびっくりしたし、合併すると電源三法の金が多治見市や笠原町にも交付されるようになるという、大変唐突な発言にこれまた驚いた私は、五団体の質問状を大変タイミングの良いものだと思った。そして、市長の回答に大きな期待を持ったのであるが、残念なことに知りたいことはほとんどわからないままに終わった。どうしてもっとわかりやすく、ていねいに応えてくれないのか。

たとえば質問事項2の回答を見てみると、まず自治体は総合行政であるということから出発している。しかしそのことと、合併の是非は総合判断が求められることといかなる関係があるのか。同じ判断基準とはどういうことで、住民投票はなぜ同じ判断基準の基で判断されなければいけないのか。どうして住民には総合判断ができなくて、議会にはできるのかなど、考えれば考える程わからなくなる。

質問事項5に関しても、住民意向調査で三市一町の合併が否定されたのに、「私の政策を否定したとは考えておりません」とどうして言えるのか。また政治的責任問題を、投票結果の取扱いになぜ限定してしまうのか。

このように、私には瑞浪市長の回答がよく理解できない。この点では、全くの期待はずれであった。そこで住民意向投票がなぜ合併にそぐわなかったのかに関して、少しでも市長の真意が理解できないものかと思い、瑞浪市の三月議会の会議録をひもといてみた。そこでは、住民意向投票が合併になぜそぐわなかったのか、それだけを取り上げてその真意を直接問う質問は見られなかったが、その発言を取り上げての発言や質問は行われている。それらを紹介すると、次の通りである。

「合併が白紙となった後、市長は結果については真摯に受けとめると言われたものの、説明不足であった、また合併調査は住民意向調査になじまない、そして合併のような総合判断を要する事項は議会が最もふさわしいと発言されてみえます。市長は常日ごろ、市民は株主と言ってみえますが、株主であるなら会社の基本的な意思決定、すなわち解散や合併は極めて重要事項であり、株式会社瑞浪市と言うならば、当然株主総会が、いわゆる住民投票で決定すべきであり、株主の意思を最優先させなければなりません[14]」という議員の鋭い発言に対し、市長は何も反論を試みていない。

また、別の議員は、市長になりたての頃は住民の中に入って、住民の意見を聞いて市政を行うと言っていたのに、「住民意向調査で結果が出たことについては、どうもこういう問題は住民に決めさせるよしか俺に決めさせた方がよかったというようなことが強く聞こえてくるわけですので、この辺の思いはどうであったかということを[15]」質問したのに対し、市長は住民意向投票を行う考えは決してなかったのではないと言う。しかしながら、この議員の常設型の住民投票条例を制定して、重要な事項は市民の意見を聞いて進めるようにしたらどうかという問いに対しては、「現行の憲法におきましては、地方公共団体に議事機関として議会を置くことを規定しております。議会が議事機関として判断を下せない施策はあり得ないと私は思っております。したがいまして、条例は今のところ必要ないのではないかと、こういうふうに私は考えております」[16]と応えている。

高嶋瑞浪市長の考えは、やはりその落ち着くところは、議会至上主義というのか、議会にすべてを任せればよいということである。[17]「総合判断」を要する、要しないの問題ではない。したがって、恐らくは合併問題だけでなく、すべてのことが住民投票になじまないことになる。

なお電源三法による交付金の問題については、回答よりももう少しくわしい経緯が三月議会で説明されている。[18]

第三節　東海環状自動車道IC名称問題

土岐市の主張

二〇〇五年三月一九日に東海環状自動車道（MAGロード）が、豊田東ジャンクションから美濃関ジャンクション間（七三キロメートル）で開通した。実はその開通前に、この自動車道から東濃地域への玄関として土岐市内につくられたインターチェンジの名称をめぐって、すったもんだした。最終的には県の意向通り「土岐南多治見」に決まったのであるが、「土岐南」を一貫して主張した土岐市は激しく反発したのであった。

なお問題のインターチェンジは、**図表2**のように多治見市境まで約二キロメートルの土岐市内に設置され、自動車道そのものも、笠原町編入前の多治見市内を少しも走っていない。またインターチェンジ名は、「地元市町村や県などの意見を聞いて、日本道路公団と国土交通省が協議して決める」[19]こ

図表2　東海環状自動車道土岐南多治見ＩＣの位置

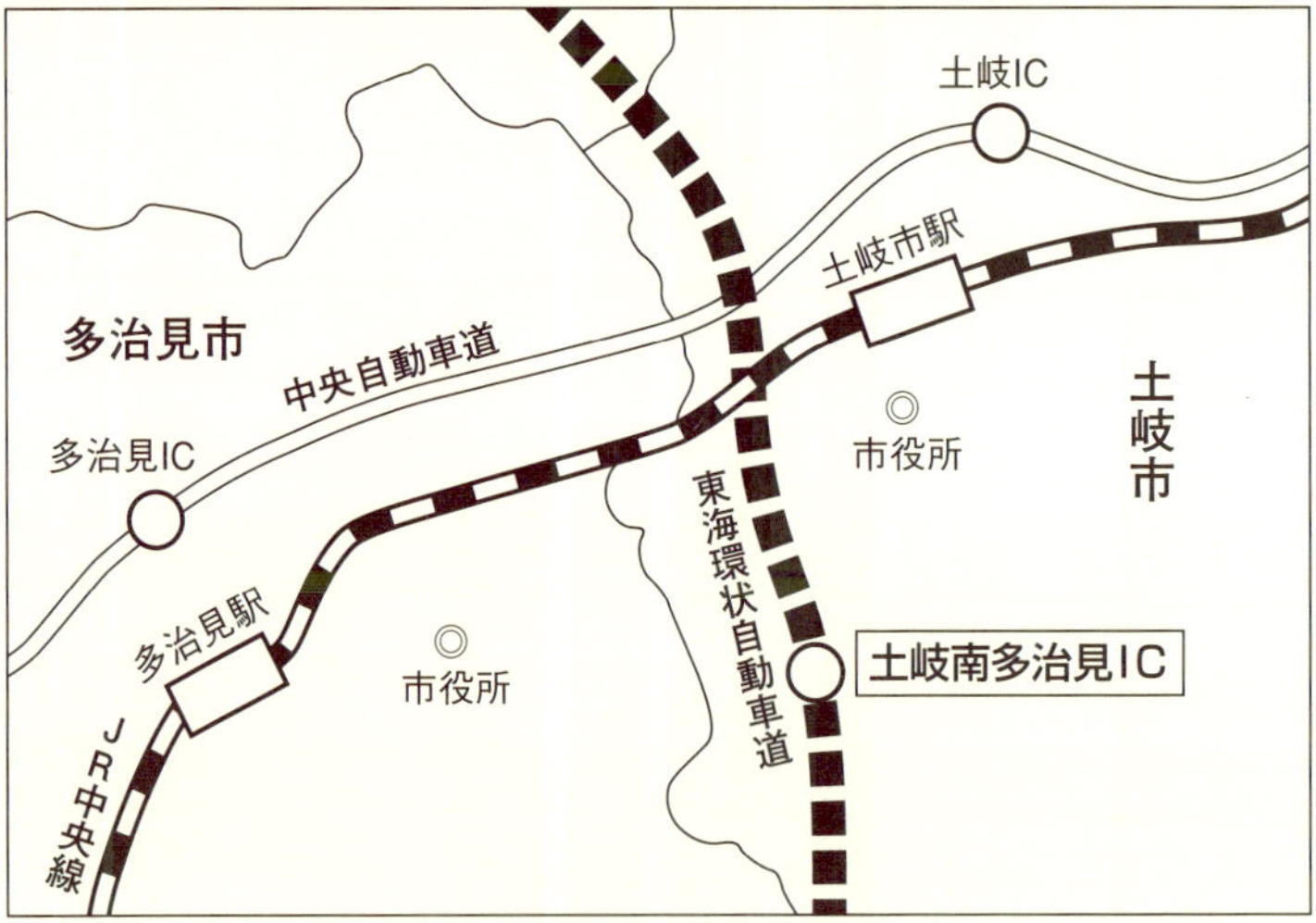

とになっている。

　まずはなぜ「土岐南」か。土岐市の主張に耳を傾けてみよう。

　土岐市議会は二〇〇四年九月二七日に、「東海環状自動車道（仮称）土岐南インターチェンジの名称に関する決議」を全会一致で可決した。その決議では、「土岐南インターチェンジが、着工以来すでに市民権を得た名称であること、土岐プラズマ・リサーチパークの中心に位置していること、中央自動車道・土岐インターチェンジに対応するわかりやすい名称であること、さらに一般県道においても土岐南インター線が名称となっていることなどから」、土岐市議会としては土岐南インターチェンジが「正式名称となることは当然の条理であることと考えている」[20]とうたわれている。

　これらのことに加えて、問題のインターチェンジが土岐市内にあって、一部たりとも多治見市にかかっていない。[21] また用地の取得や残土処理、土地の無償供与などで、市内の地権者や土岐市が協力してきたのも、土岐南インターチェンジとなることが当然視されてきたからである。

かくして土岐南でなければならず、多治見市の名前を入れることは断じて許せないというのである。

県の道路公団への回答

しかるに岐阜県は、土岐市の考えに同調せずに、最初の照会に対しては「土岐多治見ＩＣ」を、続く二回にわたる地元の意見を統一する依頼に対しては「土岐南多治見インターチェンジ」をそれぞれ道路公団に回答したのであった。

それではなぜ県は「多治見」を入れることを主張したのか。県が「(仮称)『土岐南ＩＣ』の名称は、『土岐多治見ＩＣ』とされたい」と回答した理由は、次の通りである。

「インターチェンジの名称は、第一にユーザーにとって分かりやすい名称とすべきである。また、当該自動車道は、名神、東名、中央など既存の高速道路を結ぶ広域的な道路であり、名称は周辺地域を含めた広域的な視点から決めるべきものと考える。このため、次の理由により(仮称)『土岐南Ｉ

C』は『土岐多治見ＩＣ』とすべきである。
①当該ＩＣは東海環状自動車道の東濃西部地域における唯一のＩＣであること。
②東濃西部地域における主要な都市である多治見市は、当該ＩＣに隣接している。
③当該ＩＣは笠原町の重要な玄関口となるが、笠原町は多治見市との合併協議が進んでおり、平成一八年一月には多治見市に編入される見通しであること。
地理的に不案内な利用者が、中央道の『多治見ＩＣ』まで回らないようにすべきであること。
④東濃西部地域二市一町（多治見・瑞浪・笠原町）の首長、議会、経済界、観光協会等は『土岐多治見ＩＣ』の名称を望んでいる。（別添資料一）
⑤豊田市を始め沿線の経済界からも『土岐多治見ＩＣ』とするよう要望を受けている。（別添資料二）
なお、このことについては県議会本会議の一般質問があり、上記のとおり答弁しております。[22]」
なお「別添資料一」によれば、地元関係者の全部が「土岐南ＩＣ」の土岐市と同じく、地元関係者の全部が「土岐多治見」の多治見市を除くと、他の地元関係者の意見は、「土岐多治見ＩＣ」と「知事一任」に二分されている。また「別添資料二」は、東海環状自動車道愛岐地域建設促進協議会構成団体九市六町商工会議所・商工会（ただし、土岐商工会議所は除く）の会頭・会長による「要望書」

である。

この要望書の中で、なぜ「土岐・多治見」とすべきなのかに関して強調されていることは、当該インターチェンジが東濃地域の南口としての性格を持つことと、ランドマークとしての「多治見」の役割である。このことは、多治見市と笠原町、そして両市町の商工会議所・商工会が連名で、二〇〇四年七月一日に知事あてに提出した「東海環状自動車道『(仮称) 土岐南インターチェンジ』の名称について　要望」についても言える。

地元の意見が分かれる回答であったので、道路公団は地元の意見を統一するよう県に依頼し、県はこれを受けて東濃西部三市一町による調整を進めた。「土岐南」を主張する土岐市と、「多治見」を加えるべきだという多治見市と笠原町とで議論は平行線をたどった。そこで県は、「土岐南」の名称を残すとともに、「多治見」の名前を追加した「土岐南多治見インターチェンジ」とすることで、地元意見の統一を図った。土岐市の賛成は得られなかったが、他の二市一町の合意はみるに至った。

県は「これまでの経緯や利用者により分かりやすく誤解を招かないようにすること等を考慮し、当該インターチェンジの名称は『土岐南多治見インターチェンジ』が適切であると判断し[23]」、この調整案を公団に回答した。なおその末尾に、「本県の意向に沿った名称とされた場合に発生する諸問題については、本県が責任をもって対処いたします」ということが添えられている。

それでもなお道路公団は、再度土岐市との意見統一を求める依頼を県にしたのであるが、県はこれ以上の新たな調整は困難との返事をした。以上のようなやりとりがあって、道路公団は一一月二六日に「土岐南多治見ＩＣ」と正式に決めたのであった。

土岐市の激しい怒り

「土岐南多治見ＩＣ」の決定に対し、土岐市はその見直しを求めて、公団に無償貸与していた土地の使用許可の取り消し通知を提出したように、その怒りたるや激しいものがあった。たとえば、こうである。[24]

道路公団が「土岐南多治見ＩＣ」を決定した直後の一一月二八日に、土岐市内の東海環状自動車道を歩くイベントが行われたが、そこで約九〇〇人の市民を前に土岐市議は、「決定は土岐市の努力を全く無視している」「道路建設の際に土地を手放した市民もいる。土岐市内にあるＩＣに、多治見の名を入れる必要はない」ことを語気を強めて訴えたという。[25]

次にこれは、一二月の土岐市議会の状況からである。

「多治見市の一人のボスと、県会議員、そして岐阜県知事の圧力、権力によって『(仮称) 土岐南インター』が『土岐南・多治見インター』と発表されたのであります。土岐市は道路公団に裏切られ、土岐市民の声は岐阜県知事によって踏みにじられたのであります」[26]と述べた後に、この議員は「市長、市長は本当に名称が変わると思っておられるのか。日本のことわざにある『長い物には巻かれよ』を味わうのか、公団や県と腹を刺し違えるお気持ちがあるのかどうか、土岐南インターを信じて疑わなかった多くの市民に対してどうお答えになるのか、土岐市長としての所感をお伺いしたいと存じます[27]」と、市長の所感を求めた。

これに対し、「私はこのところ胃がきりきりと痛み、眠れない夜が続いております」と前置きをした塚本市長は、このような「不条理な社会正義に反する」事態が発生した経過と背景について、「結論的に申し上げますと、通常のルールにより『土岐南インターチェンジ』としたいとしておられましたのを、県が反論し、強い要請という威圧的な形で横やりを入れ、無理やり『土岐南・多治見インター』に変更されてしまったというのが本事案の顚末でありまして、全国で例のないことでありまして、私はあしき先例となるものと存じます」と言う。そして「私は命知らずといいますか、『不惜身命』を信条といたしておりまして、不当な権力や不公正なものに最も嫌悪の情を抱くものであります。社会正義に殉ずることを信念としておりますことを申し上げ、なお公正・公平で、良識の支配する社会こそ今最も求められているということを申し上げて、所感といたします[28]」と答弁を結んでいる。

さらには、梶原知事が「どういう経過であろうと、結果としてこういうふうにこじれてしまったということは、これは本当に弁解の余地がございません。私の不徳のいたすところでございまして、この機会をおかりして心からおわび申し上げたいと[29]」陳謝し、これで一件落着した県議会に、土岐市議ら約九〇人が駆けつけた。そして地元選出の議員と知事のやりとりを見守ったのであるが、「『そうだ』などと大声を出したり、拍手をしたりし、注意を受ける場面もあった」[30]という。

ところで、どうしてこんなに土岐市の激しい怒りを招くことになったのか。

「ＩＣ名の対立が生じた背景に、東濃西部四市町の合併が破談した後遺症をみる向きは多い。合併実現を見込んで四市町で進めていたコンピューターシステム統合事業などから土岐市がいち早く離脱し、互いの信頼関係が揺らいだというのだ」[31]。あるいはまた、「このことは単に名称だけのことではなく、多治見市と土岐市の積年にわたるサヤアテが吹き出したものであり『われわれ土岐市側が怒っているのは、多治見の名前が入ることが気に入らないという理由などではなく、多治見のやり方が、あまりにも勝手であり、強引で礼儀を欠いており、非常識きわまりない、というところに理由がある』[32]」とも言われる。

この件で、土岐市は何もそんなに目くじらを立てなくてもよいのにという多治見市民の声が聞こえてきたことがある。確かにそうかもしれないが、多治見市と土岐市がもし逆の立場であったら、多治見市は果たしてどれだけ寛容な態度がとれたであろうかということを、私はその時に思った。

〔注〕

（１）笠原町が、消防業務を多治見市に委託しているためである。

（２）『第四回東濃西部合併協議会　会議録』三七頁。

(3) 同右、三七頁。
(4) 『第一三回東濃西部合併協議会　会議録』一八頁。
(5) 情報がそのまま使えるので、土岐市などは情報センターでもよいのではないかと主張した。
(6) 管理者会議は、管理者（現在多治見市長）及び副管理者（現在多治見市を除く二市一町の首長）で組織され、組合の処理する事務の執行に関する基本的事項を協議する。
(7) 『平成一五年度第五回管理者会議　議事録』三頁。
(8) 同右、三頁。
(9) 『平成一六年度東濃西部広域行政事務組合議会全員協議会会議録』
(10) 『平成一六年土岐市議会第一回定例会会議録』二一四頁。
(11) 多治見市当局によれば、土岐市が抜けた分だけ効率性が劣るのは事実であるが、「ただシステムにつきましては、例えばサーバーの管理とか、あるいはプログラムのメンテナンスとか、あるいはセキュリティー対策とかそれを共同でできるということでございますので一市で単独でやるよりはもちろんメリットがある」（『平成一六年第一回多治見市議会定例会会議録』二一五―二一六頁）という。
(12) 拙著『わがまちが残った』の第二章第四節を参照されたい。
(13) 『第一三回東濃西部合併協議会　会議録』四―五頁。
(14) 『平成一六年第一回瑞浪市議会定例会会議録』一一七頁。
(15) 同右、一七三頁。
(16) 同右、一七八頁。
(17) 瑞浪市議会における住民投票を求める一般質問に対する高嶋市長の答弁は、「市民の皆様の声を反映するのがこの議会であり」（『平成一四年第一回瑞浪市議会定例会会議録』一一八頁）、「議会制民主主義の精神を尊重してまいりたいと思いますので、今のところ住民投票という考えは持っておりません」（同右、一三一頁）というものであった。
(18) 『平成一六年第一回瑞浪市議会定例会会議録』一八〇頁。
(19) 『朝日新聞』二〇〇四年一〇月六日。
(20) 『平成一六年土岐市議会第四回定例会会議録』一七一頁。
(21) 土岐市議会で「地名はその土地の位置をあらわすものでございまして、全国で見ても、よその土地によその地名がついておるところはございません」(『平成一六年土岐市議会第四回定例会会議録』一二七頁)という発言がみられるが、たとえば東名の音羽蒲郡のようなケースもあるので、この議員の発言は正しくない。

(22) 岐阜県知事梶原拓から日本道路公団中部支社長吉川良一様への「東海環状自動車道のインターチェンジ等の名称について(回答)」道建第一九八号、平成一六年九月三〇日。但し、別添資料は割愛した。

(23) 岐阜県知事梶原拓から日本道路公団中部支社長吉川良一様への「東海環状自動車道のインターチェンジ等の名称について」道建第二二七号、平成一六年一〇月二九日。

(24) 東海環状自動車道のアスファルト舗装材の製造施設用地として、二ヶ所計二万二、四五一平方メートルの市有地を土岐市は公団に無償での使用を許可していた。

(25) 『中日新聞』二〇〇四年一二月六日。

(26) 『平成一六年土岐市議会第五回臨時会会議録土岐市議会第六回定例会会議録』六四頁。

(27) 同右、六五頁。

(28) 同右、七一頁。

(29) 『平成一六年第五回岐阜県議会定例会会議録』三一六頁。

(30) 『朝日新聞』二〇〇四年一二月一一日。

(31) 『朝日新聞』二〇〇四年一〇月六日。

(32) 『東濃新報』第二一五二号、二〇〇四年一一月三日。

第二章　合併破談の総括

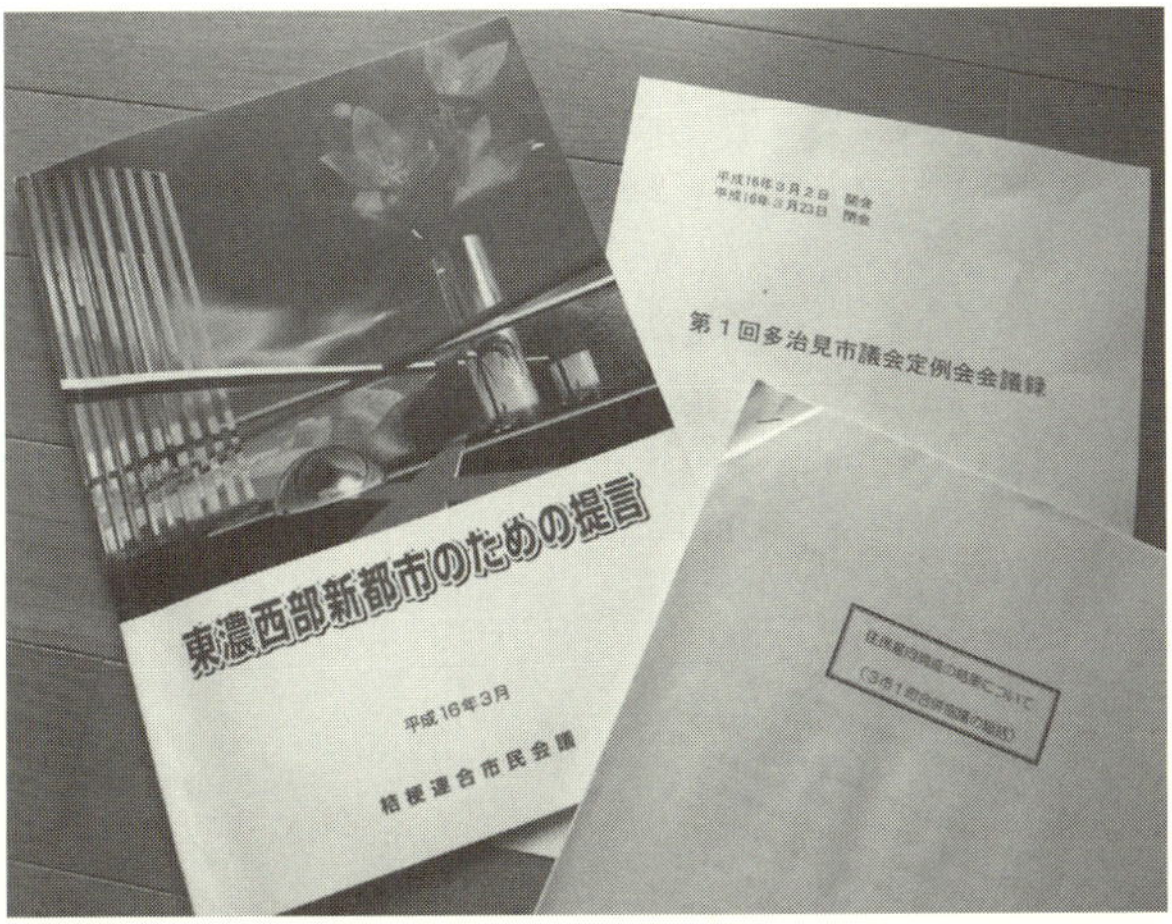

第一節　合併推進の市民組織による総括
――桔梗連合市民会議『東濃西部新都市のための提言』から

計画の位置づけが変わった『提言』

三市一町の合併推進派の市民有志が会員となって組織された「桔梗連合市民会議」（各務寛司議長）が、二〇〇四年三月に『東濃西部新都市のための提言』（以下『提言』という）をまとめた。(1)

この『提言』は、そもそもは合併後の新都市計画のあり方を市民の立場から模索したものである。二〇〇三年度「岐阜県協働型県民活動推進事業」の指定を受けて、「新都市古里講座」と「新都市市民会議」を開催するなどして、新市の将来像や産業政策、中心市街地の活性化政策、教育政策、福祉政策ならびに地域内分権に関する提言をとりまとめたものである。

しかしながら合併がご破算になったので、この計画の位置づけは次のようになったという。

「合併が頓挫した中で、私たちの今回の提言は真の役割を果たさなくなりました。私たちは、新しい都市を夢見ながら、その時の都市が住みやすく、生きがいの持てる都市として前進し続けるために、まちづくりを提言しようとしてきました。しかし、合併が破綻した今日では、それは叶わぬ夢となってしまいました。

しかし、私たちは諦めません。捲土重来、体制を整え、攻勢に出たいと思っています。この提言は、そのための私たちの目標であり、いっそう広く市民に参加を呼びかけるための誓約書にしたいと考えます(2)」。

さて、この『提言』は、今述べたように新都市のまちづくり計画について書かれたものであり、そこには私にとっても大変参考になったことがある。たとえば新都市の将来像が、「やきもの文化が香り、人と自然を大切にする、美しきまち」とうたわれている。これは東濃西部合併協議会の新市まちづくり計画の将来像「みんなでつくる、緑あふれる、交流のまち」よりも、ふさわしいと思う。また中心市街地の活性化対策について、「もはや、昔のような市内全域から人が訪れ、人があふれる中心商店街を復活することは困難です。したがって、中心市街地は居住の場として再生することが基本とな(3)」るという提言も興味深いものがあった。

ところが、『提言』には全く予期せぬ事態が展開したために、第一章の「どのようなまちをめざすのか」の中で「なぜ合併が破綻したのか」や、「おわりに」でなぜ東濃西部三市一町の合併が必要であったのか改めて触れてある。これらを紹介すると共に、若干のコメントを加えたい。

破綻の原因は行政

なぜ合併が破綻したのか。『提言』は、「説明不足であったこと」と「市民の行政不信があったこと」、ならびに「啓発活動に不足があったこと」の三点を指摘する。そして、それらは主に行政に負うものである。

まず説明不足でいわれていることは、合併しないでは地方分権の時代に対応できないこと、次に「合併しないと、こんなまちになってしまう」という『地獄絵』を示しえなかった」こと、三つ目に合併が家計にどれだけメリットをもたらすかということや、新都市での豊かな生活像が明確に提起されなかったこと、以上の三点である。これらの点について、とりわけ行政はどれだけ住民に説明できたのか疑問であると言うのである。

次の市民の行政不信に関しては、もともと市民には行政不信があるから、行政がいくら合併を推進しても市民がそっぽを向いてしまった、という意味ではない。私には、そこで書かれていることがどうして市民の行政不信とつながるのかわかりにくいのであるが、次のことが述べてある。在任特例を認めないで議員を大幅に減らした数での設置選挙を行うことや、職員の積極的なリストラを行うことを発言する勇気を行政が持たなかった。また三市市民の相互不信を払拭できなかったこと、とりわけ市の名前が消えることへの拒否反応に対して、「区」として残す方法や地域内分権の推進で対応が可能であったのに行政は対応できなかったし、「陶都市」や「織部市」などの持つ意味や重要性が行政によって説明されなかった。以上の通りであるが、どうもここで言わんとしていることは、行政の対応が不十分というのか、まずかったので、市民が行政に対する不信感を抱いたことのようである。

最後の啓発活動の不足について述べた文章を全部紹介すると、次の通りである。

「そもそも、合併の是否を短期間で住民にゆだねることは誤りではなかったかと、私たちは考えています。合併問題は、極めて複雑でかつ高度な情報と知識を必要とします。どこと合併するかということは、住民の単なる人気投票ではありません。合併問題は、住民の代表である議員・市長が考え、自分の意見を地域住民に披露し、疑問や不安を払拭し、決断することが重要な課題でした。それだけきめ細かな情報提供をどれだけの議員や市長が行ってきたのか疑問を持たざるを得ません。

また、私たち、合併を『是』として推進してきた者としても、自分の中、仲間の中だけの考えにとどまり、友人・知人、地域の人々、関係団体に勇気を持って啓発を行う体制を準備できませんでした。反対意見に対して、有効な反論を用意し、宣伝戦を展開し、説得できる状況にはありませんでした。

大いに反省するところです。

それ以上に、行政の啓発活動は不十分でした。合併協議会は、説明会を開催するだけで、そこで出た意見に応え、反論し、推進する立場が明確ではなかったと思います。合併協議会が官庁主導だったことがこのような結果を招いたと考えます(5)」。

なぜ合併が破綻したのか。「原因を冷静に分析」した結論が以上の通りであるというのである。それにしても、自分たちの反省すべき点の記述はあるものの、責任の大半をどうして行政に押し付けるのか、まことに寂しい限りである。

合併協議会の住民説明会で、合併しないと一〇年間の三市一町の投資的経費は一、〇〇〇億円にとどまるが、合併すると一、九〇〇億円にもなることを合併のメリットとして強調したのは合併協議会の事務局である。多治見市の第二次住民説明会で当局によって強調されたことは、そしてまた住民意向調査の投票啓発活動で当局が二万枚も配布したチラシに書かれていたことは、合併しない場合には住民サービスの削減や増税・公共料金引上げの検討不可避という「地獄絵」で、合併する場合には経費の削減や道路整備が可能というバラ色の夢であった。それでも多治見市民の多くは、合併しないで行く道を選択したのであった。このことを冷静に分析して欲しいものである。

私も行政に問題があると考えているのであるが、しかしそれは、説明不足とか、市民の行政不信や啓発活動の不足といった問題ではない。そもそも住民の中に合併の機運がなかったのに、合併協議を進めたことに問題があると考える。序章でも触れたように、合併協議会立ち上げの決定に先立つことわずか一年程前に行われた住民意識調査で、合併に賛成する意見が少なかったため、三市一町の合併問題はもっと将来のこととして先送りされていたのである。しかるに、それを無視して突如合併協議が始められたのであった。ここにこそ破綻の原因があるし、行政の責任があると思うのである。

次に、合併に関する住民意向投票に否定的もしくは消極的であることがうかがわれるが、これまた大変残念である。合併というまちの将来に関わる極めて重要なことを、「複雑でかつ高度な情報と知識を必要」とするからと言って、合併の是非を住民に委ねるのは望ましくないと言うのである。住民の判断をあたかも「人気投票」であるかのようにみなすのは論外であるし、まちをつくるのは住民一人ひとりであることを考慮すれば、そのようなことは言えないはずである。

この『提言』だけでなく、合併推進の人には民意を忌み嫌う傾向がある。たとえば、地元の経済界でつくる「陶都経済懇話会」が、東濃西部合併協議会の会長である西寺多治見市長にかつて手渡した合併推進の要望書の中に、次のような文言があった。「各自治体に対しては、協議が透明性を前提に進められているかぎり、合併への流れが民意を楯とした恣意的な動きに阻まれることのないよう心すべきだと強調しなければなりません(6)」。またその際、「川合正臣事務局長は『合併の流れを阻むような民意の取り方はすべきでない』とし、多治見市が準備を進める住民投票に熟慮を求めた(7)」のであった。

改めて合併の必要を強調

『提言』は最後に、改めてなぜ東濃西部三市一町の合併が必要であったのかを述べているが、その前に次のように言う。「合併に『反対』を投じられた市民や投票を棄権された市民の皆さんは、将来に大きな禍根を残すことになると確信します」[8]と。

さて、なぜ合併が必要であったのか。それは「合併による行政格差の是正に伴うサービスの向上、負担の低下」をはじめとして、「行政サービスの高度化、専門化の進展」までの八項目を列挙し、かかる大きな経済上のメリットを市民にもたらすからである。

そこには、今や合併推進派の人たちでさえもほとんど口にしなくなった、「行政サービスは最高の自治体に、住民負担は最低の自治体に合わせる」という、行政サービス統合の基本原則が述べてある。また、合併算定替特例によって年間三三億円の財源が浮くという、誤解に基づく記述が見られる。[9]

そして何はともあれ、合併によってたとえさまざまな経済上のメリットがもたらされるとしても、私は今の日本では住民参加の後退を、住民自治の形骸化をもたらす合併には賛成できない。

以上が、桔梗連合市民会議による『提言』の合併に関する部分の紹介と批判である。これは三市一町の合併協議の全面的な総括を試みたものではないが、市民の立場から、しかも合併推進の立場から合併破綻の原因に迫ったものとしてここで取り上げた。新都市の政策提言としては大変有意義な試みであるが、合併に関する記述に関しては残念ながら同意することができない。(10)

第二節　多治見市議会における総括
―二〇〇四年三月の多治見市議会から

合併問題総括の議会

以下は、三市一町合併協議の総括が二〇〇四年三月の多治見市議会でいかに行われたかを見たものである。それらを紹介し、コメントを加えたい。

三市一町合併協議の総括は、直接には三月三一日をもって協議会を廃止するという、「東濃西部合併協議会の廃止について」(11)の案件に関して行われている。この案件の日程をまず記すと、三月二日の本会議で提案説明があり、三月八日に質疑が交わされたあと、合併問題調査特別委員会にその審議が付託された。三月一五日に開催された特別委員会は、これに関する質疑、討論の後、異議なくこれを原案通り可決した。そして三月二三日の本会議は、この委員会報告を受けた後討論、採決を行い、この案件を原案通り異議なく了承したのであった。

この一連の過程で、三市一町合併に関し実にいろいろな観点から活発な議論が交わされた。そしてまたこの議案審議とは別に、三月一八日と一九日の市政一般質問において、三市一町の合併問題が多くの議員によって取り上げられ、活発な質疑応答が交わされた。このため、二〇〇四年第一回多治見市議会定例会は、さながらご破算になった三市一町合併問題総括のための議会の観さえ呈したのであった。

ところで、三市一町の合併協議の総括といってもさまざまな観点から議論されているので、ここでは次のような論点ごとにまとめてみた。まずは合併協議会の立ち上げから解散に至るまでの合併協議の経過に関わる問題点、実施された住民意向調査の是非、なぜ合併が破綻したのかという合併破綻の原因、それに伴う行政や議会の責任問題、合併破綻を受けて今後の多治見市が進むべき市政運営の指針、そして最後に合併問題への取り組みがもたらした成果や課題、以上の六つの柱に分けて整理した。もっともこのように課題ごとにまとめても、それらはまた別の課題とも密接な関係があることは言うまでもない。

合併協議の経過に関わる問題点

合併協議会の立ち上げから解散に至るまでの合併協議の経過に関することで、議会で取り上げられたことを列挙すると、次のようなことである。任意の協議会を経ずに最初から法定の合併協議会を立ち上げたこと、住民説明会がむずかしかったこと、市の合併への見解を掲載した投票啓発のチラシを配布したこと、住民意向調査を実施したこと、意向投票の運動期間が短かったこと、合併破綻の総括もせずに合併協議会を解散したことなどである。これらのうち、住民意向調査の実施に関しては、論点整理の一つの柱として掲げてあるので、ここでは問題としない。これを除くと、とりわけ問題と思われるのは、合併協議が法定の合併協議会からスタートしていることと、投票啓発のチラシの件なので、ここではこれらに絞って取り上げることにする。

合併協議会が発足したプロセスに疑問を持っているが、合併協議の進め方に関しどういう総括や反省点を持っているのかという質問が、議案への質疑の中で出されている。また市政一般質問の中で、任意の協議会を持たずに合併協議が始められたことに関し、質問が行われている。

これらに対し、前者は企画部部長[12]によって、後者は市長によって答弁がなされている。市長は、「合併協議会の立ち上げの際の状況につきましては先ほど御説明申し上げましたが、任意協議会をつくらなかったということについて反省すべきではないかという御意見でございますが、通常任意協議会の運営と申しますのは、首長や議会関係者等の限られた委員によりまして合併の基本的な項目について合意をし、その後合併ありきで法定協議会を設置するというのが一般的になっておりまして、そういうこともございまして当地域では法定協議会を最初から一般の市民の方も加えて、広く情報を公開しながら合併の是非も含めて協議をしてきております。その点についてはむしろ評価されるべきであるというふうに思っております」[13]と答弁している。この「むしろ評価されるべきである」が、企画部部長の答弁では「それなりの意義があったのではないか」[14]となっているが、全く同じような回答である。

なるほど、任意と法定の両協議会に明確な役割分担がなく、単に任意協議会が法定協議会の審議を円滑に進めるためだけに存在するのであれば、任意協議会はなくてもよかろう。いやむしろ、財政的にも時間的にも無駄なので存在しない方がよい[15]。しかしながら任意協議会の多くが、そうしたものだとは言えない。

ところで私も、既述したように東濃西部合併協議会が公募で市民代表を協議会委員に選任したことなどを高く評価しているが、だからと言って任意の協議会を経ずに法定の合併協議会を発足させたことが「評価されるべき」ものとは思えない。任意の協議会が一般的に首長や議会関係者の限られた委員で構成されるとしても、住民代表を入れた任意の協議会も存在し得る[16]。それに、そもそも東濃西部の合併協議が法定の協議会からスタートせざるをえなかったのは、合併特例法の適用を受けるために急がざるを得なかったからなのではないか。そうであるなら、そのあたりの事情も説明されるべきではなかったかと思う。

さらに言えばこうである。合併協議が一般的に任意の協議会としてスタートするのは、合併の議論を基本から積み上げるとともに、議論によっては合併の是非という選択肢を自治体が考えるためである。それとともに、合併に関する住民説明会を通して、合併協議に関して住民の意向を把握したり、理解を求めるためである。

ところが東濃西部三市一町の場合は、法定協議会を立ち上げることを決めた首長・議長合意からスタートしたのであった。このために住民説明会もほとんど協議会を立ち上げた後に行われており、協議会を立ち上げることに関して住民の意向を把握するためではなかった。もしこれが任意協議会の段階であったならば、行政も議会もそれこそ住民の総意との大きなズレに気づき、三市一町合併は時期尚早として見送られることになっていたかもしれない。あるいはまた、住民から合併反対の請願や住民投票を求める直接請求が出されたりして、法定協議会は設置されなかったかもしれない。そうであれば、多くのエネルギーと経費を費やさずにすんだのである。

だからこそ、法定協議会で出発したことが問題であるのに、そうしたことには何も触れずに、市民代表を入れたり、情報公開したりして、きわめてオープンに合併協議をやってきたことを誇らしげに述べて、法定協議会でスタートしたことを正当化しているのを残念に思う。

さて次は、意向投票啓発のチラシの件である。[17]

このチラシは、一月二五日の合併に関する住民意向調査の投票を呼びかけたものであるが、その裏面に多治見市の合併に対する見解が掲載されていた。その見解というのは、合併しないと行財政改革に取り組んでも市民サービスの削減や増税・公共料金の引き上げの検討が不可避である。他方、合併した場合には、経費の削減が可能であり、国の財政支援により道路整備が進むなど、大きなメリットをもたらすというのである。合併の不安と対応策も書かれているが、何人が見ても、合併が望ましく、あたかも合併に賛成票を投じるように呼びかけたメッセージであった。

このチラシが二万枚も印刷されて、行政と関係する市内の各団体を通して配布された。また市職員が朝夕多治見駅頭で通勤や帰宅を急ぐ市民に手渡したり、土日にはスーパーの前で買い物客に配布したほか、市立保育園の園児を通して家庭にも配られた。このことを知った市民の有志が行政に抗議したが、行政は聞く耳を全く持たなかった。

この問題が、議案への質疑の中や特別委員会、一般質問で取り上げられた。そこでの質問は、市は合併推進なのだから推進のチラシを配るのは当然だと言い、そして受け取りを拒否できない保育所の園児や公正であるべき学校現場を通じて配布されているが、こういう手法をどう思うのか。また今後ともこういうことがありうるのか。これとは別の議員からは、学校現場でチラシが配布されなかったのは、学校関係者が公平感がそこなわれるとの立場から配ることに反対したためと聞いているが、事実はどうなのか、などであった。

理事兼企画部長は、「チラシの配布について御質問がございました。これは保育所においてこういったチラシを配布したのは事実でございます。幼児の親といった若い世代になかなかその合併問題について理解いただいてない、なかなか説明がいかないといったことを考えまして、こういった若い世代の方々に少しでも合併問題について感心《（ママ）》をもっていただきたいということで、意向調査の内容、あるいは市の抱える課題、合併の効果等、合併の説明会において市が説明している内容を簡単にまとめたチラシを配布したものでございます。なお、幼稚園とか小学校、中学校といった教育の現場にはこれは行っておりません。今後どうするのかというお話でございますけれども、市として重要な情報を市民に効果的に周知するといった必要があれば同じような方法をとることは当然考えていきたいと思っております」[18]と答弁している。

　このように、保育所を通してチラシを配布したのは若い世代の市民に少しでも関心を持ってもらいたかったからだと言う。企画課長も、「全く推進するためということでなく説明会での内容をチラシとして知らせたということ」[19]と言っている。

　本当にそうなのか。もしそうであるのであれば、住民説明会の資料に手を加える必要はない。ところがチラシは、それに手が加えられて、目を通すだけでわかるようになっているとともに、合併するしかないことをさらに強調したものとなっている。したがって、多治見市がこうしたチラシを作成して配布したのは、単に関心を持ってもらい、投票率を上げるためというよりも、賛成票を少しでも増やすためであったと思わざるをえない。

　仮に一〇〇歩譲って、住民に関心を持ってもらったり、知らせるためであれば、こうしたチラシは許されるのであろうか。

多治見市は、合併協議会や他の二市一町と共に住民意向調査の実施主体の一つである。意向調査が、公正・公平に遂行されるように監視することも実施主体である行政の責務ではないのか。したがって多治見市が、意向投票への参加を呼びかけるのは当然であるが、その呼びかけたチラシに市民の見解が大きく分かれるのに、一方の立場だけの見解を載せるのは、どう考えても行政のあるべき姿から逸脱していると思わざるをえない。市民に対して公正・公平な行政サービスを提供すべき行政は、住民の意向調査に際しても同様の姿勢を取るべきである。行政は、住民に行政の考えを周知徹底させたいからといって、意向投票の実施段階にまで支配介入することは許されない。中立であるべきである。したがって、「市として重要な情報を市民に効果的に周知するといった必要があれば同じような方法をとることは当然考えていきたい」という理事兼企画部長の言葉は、住民意向投票に際してであることを無視した、筋違いの主張であると思う。

なお、学校現場での配布を取り止めたものは、ここで問題視したチラシとは別物で、一月二五日の意向投票を呼びかけただけのものである。これをたまたま家庭でのパソコンの活用状況に関するアンケート調査の裏面に刷り込んだものの、そのアンケートはすぐに回収されるので、あまり意向投票の啓発にはならない。このため、その配布を取り止めることになったのであった。(20)

住民意向調査の是非

住民意向調査の結果、三市一町合併はご破算になった。このため、合併推進派の議員によって住民意向調査に対して、さまざまな疑問や批判が投げかけられた。また、次に述べる合併破綻の要因ともみなされた。

さて、住民意向調査に対する彼らの疑問や批判は、後で少し詳しく見るように、まず市民は正確な情報を欠いていたし、日常の生活に追われて将来のことを考えるだけの余裕がなかった。また市民が合併問題に関心を持って勉強し、主体的に判断するだけの成熟した民主主義の域に達していなかった。さらには多治見市の名前がなくなるとか、庁舎が遠くなるから合併に反対するというように、合併の本質や焦点とは違う身近な視点から、市民は合併問題を判断した。いずれにせよ、市民の判断に問題があった。あるいは市民には、正しい判断ができなかった。したがって、市民に決定を委ねる意向投票は問題である。さらに言えばすべきでなかったということになるが、その点をどう考えるかという質問である。

なお、実施後であるためか、議会制民主主義という建前からの批判は見られない。

それでは、彼らの言い分を聞いてみよう。

ある議員は、投票後出会った三人の話を取り上げる。まず、財政の無駄を省く合併と言いながら、目いっぱい在任特例を使うのはケシカランということで合併に反対した人。二人目は、長引く不況の中で日々の生活が大変なので、将来のことを考える余裕なんぞなかったという人。最後は、投票に行かなくても、国が進めているので合併が進むと思っていた人。これらのことから、「正確なるしっかりした情報が、市民に取り入れられていない」し、「今の長引く不況の状況ですとか、日々の生活で大変な今思いをしていらっしゃる方が本当に市民の中で大勢いる」状況の中での意向投票をどう思うのか、聞かせて欲しい。(21)

別の議員は、「基本的に、多治見市の民主主義はそれほど成熟していないと感じている。市長がいうように多治見市の将来は市民自らが決めるんだということについてはいささか疑問を持っており、このことはこの数字に表れていると思っている。七〇〇人の永住外国人がいるのに九九人しか登録がないということや、市長が『どちらともいえない』という選択肢は考慮しないということを明言したにもかかわらず、それでも三、三〇〇人の方が『どちらともいえない』に投票したことについて、私はまだまだ市民がこの合併問題に自ら興味を持って、積極的に資料を入手して判断をするというレベルに来ていなかったのではないかと思っている。そこでこの結果について、市長はどのように思っているのか伺いたい」(22)と言う。

こうした質問とは別に、「この合併の是非についての判断について、協議会でいろいろ議論された結果、すばらしい資料やデータができたと思っているが、実はちまたの話や新聞にもあったように、多治見市の名前がなくなるからいやとか、特例債といえども借金に変わりがないとか、庁舎が遠くなってしまうからいやというような、全く視点の違うところで判断されていた方が多いようであ」(23)り、今回の投票については非常に問題があるという発言がみられる。

最初の質問に対する市長の答弁は、できるだけ的確な情報を提供するよう努めてきたが、市民の中にさまざまな受け止め方があるのは避けがたい。意向投票で市民がいろいろ考えざるをえない状況に直面したことは、決して間違っていない。

次の質問に関しては、「民主主義が定着していない、あるいは成熟していないという指摘であるが、私はこうしたことを通して、あるいは直接な形で市政、国の政治等に関わるということを通して、一歩一歩、私たちも含めてこの地域のことを自らが考えるという意識が高まっていくものと信じている」(24)というのが市長の答弁である。

以上のような市長の答弁でよいのであるが、今みてきたような観点から市民の判断に問題があると考えて、住民意向調査を批判することは、そもそも大変おかしいと思う。

なぜなら、意向投票で合併賛成票が多かった笠原町の住民は、多治見市の住民と一体全体どれだけ違うのか。笠原町の住民は多治見市の住民より正確な情報を持ち、将来を考えるだけの余裕があり、成熟した民主主義の域に達していたのか。笠原町の住民は、「町」から「市」に変わることを期待して合併に賛成した人が多かったと聞くが、これは合併の本質に関わることなのか。ざっと、以上のように思うからである。

ところで最後に、ここでの議論からは少しずれているが、市民投票を「危険なことである」という発言を次に紹介しておきたい。「先般の新聞に掲載されたように多治見市市民参加制度検討委員会は答申、提言をしたわけであり、重要案件については市民投票の導入という形を提案している。今回のように行政の意思と民意が大幅にずれたわけであり、今後市民投票に何を議案として何をかけるのかいろいろ議論があるところである。今の状態で市民投票を導入して実施するということは、行政にとって反対の方向性が出る可能性があることを逆に示した形になっており、大変危険なことであると思っている。そのことに対する市長の考えを伺いたい[25]」。

この発言にある多治見市市民参加制度検討委員会の提言[26]は、ここでは省略するが本当にすばらしいものがある。この提言が実施されれば、多治見市の市民参加は大いに前進するのに、こんな発言が飛び出しているのは実に残念である。

破綻の原因

なぜ合併がご破算になったのか。

西寺市長は、三月議会の所信表明で次のように言う。「厳しくなる財政の中で、地方分権時代に対応した自治体のあり方を考えますと、この地域が持っているポテンシャルを有効に生かして、元気を失わない地域をつくるためには、合併によるメリットを活用して市民サービスの水準を維持していくことが必要であるということで合併協議を進めてまいりました。しかし、さきの意向調査の結果、三市一町の枠組みでの合併は残念ながら白紙となりました。これは、市民の皆さんが多治見のまちに大変、愛着を持って、これまで築き上げてきたまちづくりの姿勢を大切にしたい、あるいは多治見市の名前を残したい、そうした思いが大きかったことがあらわれたものと思っております」[27]。

この市民の多治見というまちへの愛着の強さ、市長によればこれが合併が白紙となった原因である。このことは、投票直後の合併協議会における投票結果に対する所感表明以来[28]、広報などにおいても[29]実に一貫して繰り返し繰り返し、市長によって言われてきた。三月議会においても、そうである。

市民のまちへの愛着以外のことで合併破綻の原因として市長が触れていることは、財政状況が悪くなっても単独の市でやっていった方がよいという考えを選択した市民の存在だけである[30]。その他、理事兼企画部長が、まちへの愛着以外に公共料金の値上げや投資の他市町への流出の懸念など、合併のデメリットに重点を置いて市民が判断したためであることを言っているにすぎない[31]。

それほど、市民のまちへの愛着が強かったことが、行政によって合併破綻の要因として強調されている。このために、「多治見市民が多治見市に愛着を持ちまちづくりをしていこう、だから合併は反対であると結論を出されたことは、西寺市長が進められてきたまちづくりのあり方や思いや政策が市民に伝わっていた結果からだと思います[32]」と言われたり、あるいはまた「市長の本当の気持ちは、こういう結果（合併が破綻したこと―引用者注）になってよかったと思ってみえないでしょうか[33]」という意地悪な発言までが飛び出している。

以上のように、市民のまちへの愛着が強かったので合併が破綻したというのは、一面では大変わかりやすいし、人々を納得させやすいものがある。しかしそれでは、そのことは合併協議を開始する前に認識されなかったのか。序章でも触れたように、合併前の住民の意識調査で合併に賛成する意見が少なく、合併協議の先送りを決めていたのではなかったのか。こうしたことを考えると、市民のまちへの愛着の強さが破綻の理由として強調されても、私には今ひとつ合点がいかない。まちへの愛着も確かにその理由の一つであったであろうが、住民の中に合併したいとか、合併するのだという合併の機運がそもそもなかったのに、それを無視して合併協議を始めたことこそが問題であると考える私の見解は既述した通りである。さらに言えば、まちへの愛着は合併を必要としない理由の一つであっても、合併が破綻した原因ではないのである。

以上が行政の認識であるが、合併破綻の原因をめぐって実にさまざまな質問や意見が交わされた。それを見る前に、少し長いがある議員が集めた「市民の声」を紹介したい。

「まず、合併の一番の原因である財政難について、市民の多くは既に会社や家計で今まで経験したことのない不況に直面しています。経費の見直し、事業内容の見直し、人件費の見直しなどあらゆる面でリストラをされ、職を失った人、収入が激減し仕事量が増大した人、肩たたきが五五歳から今や五〇歳までおりてきて不安におびえながら勤めている人、そんな現状の中で市民は我が身と照らし合わせて、多治見市はなぜ今合併だけなのか、行政改革を徹底的にやったのか、少子高齢化は一〇年以上前から予測できたのに今までなにをやってきたのか、民間の所得と比べ公務員との間に差があり過ぎないか、職員の数は多すぎないかなどでした。議会に対しては、まず在任特例。合併は究極の行政改革だと言いながら、自分の身分だけは少しでも延命しようとしているという意見。もう一つが、二度にわたる市民投票条例案の否決です。特に直接請求をした一万三、五五四人という数の重みも理解してもらえなかったという条例案に反対をした議員への不信感。合併協議に関しては合併特例債に対する意見が一番多かったように思います。財政破綻をしかけている国がこんな大盤振る舞いをしていいのか。合併に手厚い優遇をすると、合併しない自治体にしわ寄せが行くのではないかなどという国の政策に対する批判、そして合併特例債を使うことにより箱物行政やバブル行政が再来すると危ぶむ声。二番目に多かった意見は、協定項目の多くが先送りになっていることです。小異を捨て大同につくことが目的なのに、最初からこんなことでいいのかという意見。三つ目は新市の計画について、こんなまちにしたいという熱意が伝わってこないという意見です。首長以下三役は四分の一になりますよ、新市の議員の定数は三八人ですよ、二二万都市の平均の職員の数は今と比較すると二五〇人から三〇〇人減らせますよという当たり前の説明ばかりで、そこには財政難の危機感も努力目標も将来の夢も見えてこないという意見です。もちろんそういった意見も理解した上で、それでも未来のためには今合併をした方がよいとする意見もたくさんあったこともつけ加えておきます(34)」。

市民がいかなる思いで投票したのか、この「市民の声」のように実にさまざまであるが、合併が破綻したのはどうしてなのか。一体何が問題だったのか、あるいは問題とすべきなのか。いろいろなことが言われているが、その主なものを取り上げる。

合併推進派の議員は、市長がリーダーシップを示さなかったことや、合併の実現に向けて最大限の努力をしてこなかったこと、あるいはまた、合併是非の争点が行政水準の維持ができるのかできないのかであったにもかかわらず、結果的にアイデンティティを合併是非の争点にしてしまったことにあるとして、市長をはじめ行政の責任を追及した。

市長のリーダーシップの欠如に関して、この議員が言外に言わんとしていることは、合併の是非を住民意向調査に委ねたことへの批判である。それは、市長のリーダーシップの欠如を受けて「有権者のうち投票所へ来なかった四八%、およそ四万人の方、投票権を持たない子どもたち、およそ二万人のために、現状から将来も見据え、市長が責任ある判断をすべきであり、それを議会が審査するのがベストであったという私の考えは今も変わりません(35)」という発言が、なされていることから明らかである。

この議員はまた次のように言う。市長が「合併は必要である。推進する」と、議会の場で初めて発言したのが意向投票のわずか一ヶ月前である。また、多治見市の住民説明会での市長の論調には、市民に協力を呼びかける「使命感や熱意」が感じられなかった。さらに、住民投票にこだわったあまり、多くの人に不快感を与えた。そして質問を、「多治見市の市長は合併する意思などないと。他の市町の人たちや多治見市民に思われてしまったとするならば、その責任は非常に重いと言わざるを得ません。市長は合併する意思がないと思った人たちにとって、それは真実がどうあれ、それは事実と同じ重みを持つということであります。市長は合併の実現に向け、最大限、もうこれ以上、努力できないと言えるほど頑張りましたか[36]」と結んでいる。

もちろん市長は、「私は、私なりに最初から一貫した姿勢で行ってきた」と応えているが、それにしても市長の姿勢に関し、これほど違ったとらえ方があったとは驚くべきことである。合併協議会を立ち上げることを決めた二〇〇二年三月の三市一町の首長・議長合意以来、誰が見ても市長は合併推進の人であったのに、「合併する意思などない」などとよくも思われたものである。住民に有無を言わせずに、合併を実現する首長でないと、そのように思われるのかもしれない。

もう一つの、合併の争点から市長を批判した見解の要旨をまず述べると次のようである。

合併の是非の争点が、行政サービスの水準を維持することか、多治見市のアイデンティティかで争われ、市民はアイデンティティを選択し、合併がご破算となった。これは、行政サービスの水準の維持ということを、行政は合併の争点とする努力や工夫を欠いたためである。また、意向調査の結果の取り扱いをめぐって、四人の首長は自らのアイデンティティを主張し合って統一見解を出すことができなかったからである。つまり、「合併是非の争点や市民の判断基準がサービス水準の維持であったにもかかわらず、各首長はそのことを住民に理解していただく努力をしなかったばかりか、住民意向調査の取扱いでもお互いに協調せず、自らのアイデンティティを優先させてしまった。その結果、多治見市民は本来の争点とは異なる別の判断基準で、つまり、各首長がアイデンティティを優先したことを見習って合併を拒否したのだというふうに私は考えています。したがって、私は合併を破綻させたのは三市一町の首長であり、多治見市では西寺市長であると考えています[37]」と言うのである。

この主張は、市民サービスを維持するために合併が必要であると考え、合併協議を進めてきたが、市民のまちへの愛着が強かったので合併がご破算となった、という行政のとらえ方を巧みに利用しながら、それを批判したもののように見える。

合併是非の判断は住民自治にあると考える私からすれば、合併是非の争点が行政サービスの維持にあると考える見解は、とうてい理解しがたいものがある。しかしそれはさておき、西寺市長が「財政が逼迫する、あるいはサービスが低下するということがあったとしても、多治見市だけでやっていこうという選択も当然あり得るわけでございますので、二者択一をするというような議論ではない[38]」と答弁しているように、行政サービスの維持とアイデンティティを二者択一的にとらえることは、正しくない。

さて次に、合併に反対した議員は破綻の原因をいかに考えていたか。

合併ありきで合併協議を進めてきたことに対する住民の反発を指摘する発言に加え、議会でも次のように私と同じ考えが指摘されている。「三市一町のうち三市で反対が圧倒的多数であったことは、この合併協議会を設置したこと自体妥当であったのか反省を迫られていると考えるべきではないでしょうか。と言いますのは、二〇〇〇年に東濃西部広域事務組合が第四次広域市町村計画を作成する際、三市一町の住民に郵送でのアンケート調査を実施しています。そのアンケートの中の合併に関する質問への回答がありますが、賛成の比率がほとんど今回の投票結果と同様でした。以前市長がこのアンケート結果を引き合いにして合併について慎重な姿勢を示したと記憶しています。今回一月二五日の住民意向調査では三市一町合わせた賛成の比率は三四%であり、二〇〇〇年のアンケートでも賛成の比率は三四%と一致しております。逆に反対は二〇〇〇年のアンケートのときより一〇ポイントほど増えています。まちがなくなるという危機感が反対の票を増やしたのかもしれませんし、強引な合併協議の進め方に対する市民の怒り、反発が表れたものとも推測できます。いずれにしても民意とかけ離れた政策を進め、合併協議会だけでも三市一町、一億四、〇〇〇万円もの税金を使ってしまったことに対する責任は大きなものがあります[39]」。

まさにこのように、合併は必要としないと思う住民の方が、合併したいと思う住民よりはるかに多かったのに、彼らも賛成に転じてくれると信じて合併協議を進めたことに、そもそも問題があったと思う。

ところが残念なことにこの質問者は、「投票結果の反対多数は市長が言うような説明不足以前の問題と考えます」(40)と指摘しながら、住民の中に合併の機運がほとんどなかったのに、合併協議会を立ち上げ、合併協議を進めてきたこと、そのことをどう思うかを問うことをしていない。その政治的責任やチラシのことを問う質問内容となっているため、私の聞きたいことに関する答弁は見られない。是非聞きたいものである。

ところで、合併がご破算になった理由として、いかにも市民に責任があるかのような答弁や発言がみられる。これは看過できないことである。

合併を推進するという行政の意思が住民意向調査で否決されたということは、行政の意思と民意がずれてしまったという認識を持っている。これに関してどう考えるのかという質問に対して、「どちらかといえば、ずれがあったというように思うべきだろうと思っている。これは少なくとも説明会に来てもらえた方々にはある程度の理解は得られたと思っているが、説明会にこなかった、いわゆる出席率が非常に悪い、これはいい言葉で言えば多治見市を信頼している、そういう層が大多数でありその方たちには私どもの思いが通じていないわけである。結果的にずれがあったというように思わざるを得ないと思っている」[41]と、助役が答弁したのであった。

私は多治見市の第二次住民説明会が行われた一七会場のうち一〇会場に足を運んだが、その状況から判断するに出席者が市の合併の方針に理解を示して帰宅したとは、とうてい思えない。また、いかにも来なかった人に責任があるかのように受け取れる発言は問題である。

またある議員は、破綻の原因の一つとして、説明会への参加者が少なかったことや、意向投票の投票率が低かったことなどに示されているように、多治見市の民主主義が市長が期待するほど成熟していない。そして多くの市民が将来にわたる財政問題ではなく、身近な問題として合併の是非を判断したことをあげている。

多治見市に限らず、日本の民主主義は確かにまだまだであるが、多治見市の民主主義の未熟さをとりたてて強調する必要がどこにあるのか。そしてまた、そういう多治見市民によって選挙されている自分の存在をどう思っているのか。

以上のほかに、二つの「ジリツ」が不十分だったがゆえに、市民に行政不信、議会不信を生み、反対を増幅させたことを強調する見解がある。

まず「一つのジリツは自ら律する『自律』、合併問題で言えば、情報公開や市民参加、あるいは公正・公平な協議や活動がなされたかどうか、国策の合併ありきや、地域エゴ、住民エゴ、私利私欲等が先行しなかったかどうかということでございます。もう一つのジリツは、自ら立ち上がる『自立』、これは、損得計算や特例債頼み、従来型の箱もの公共事業踏襲、あるいは合併バブル期待に流されなかったかどうかということ(42)であると言う。そして、これらの「ジリツ」が不十分なままでは、市民の不信はつのるばかりで、行政や議会に不信任を突きつけることになった。その結果が、合併の破綻である。このように、行政だけでなく、議会にも責任があることをあからさまに述べている。

責任問題

議案「東濃西部合併協議会の廃止について」にかかわる本会議の締めくくりの討論の中で、これまでの議論を聞いていると、破綻した合併協議の責任は誰にもない。あるとすれば、あたかも市民にあるかのような議論が交わされているが、それはとんでもないことで、民意とかけ離れた合併協議を進めた責任は市長と議会にあることを、ある議員は次のように述べた。

「これまでの議論を聞いている限り、どこにも誰にも責任は無く、ひょっとして責任の所在は、成熟していない、あるいは、勉強しようとしていないと言われた市民にあるのではないかとすら思えるような議論が展開されていました。多治見市民は合併には無関心だと言われながら、五一%の投票率、これは知事選レベルと同じくらいですが、賛成にしろ、反対にしろ、どちらでもないにしろ、投票所まで行き投票行為を自らの責任で行ったのです。合併を推進している市と違う選択をしたからといって成熟していないと言われるのは、天に向かってつばを吐くようなものではないでしょうか。

幸い西寺市長は、どこかの市長のように、『合併のような問題は住民投票や意向調査にはふさわしくなかった。次からは意向調査などはやらない』などとおっしゃらないだけ、多治見市民は救われたような部分もありますが、いずれにしても、民意とかけ離れた合併協議を進めた責任は市長と議会にあります(43)」。


これは大変的を得た指摘であるが、最も厳しく議会と行政の責任に言及したのは、先ほどの「ジリツ」を問題にした議員である。案件に関する質疑の中で、責任のとり方の選択肢の一つとして議会は解散し、市長が辞任することが考えられるが、市長に辞任する考えがあるかどうか問うている(44)。そしてまた、市政一般質問の中では、「行政や議会は二重の過ち（「自律」と「自立」が不十分だったこと―引用者注）を犯したとして、落第か留年と言われても仕方がない(45)」とも言う。

逆に、責任追及よりもこれからの市政運営をどのようにしていくかが大事なので、「民意とねじれに気づかなかった議員や修正できなかった市長の責任を追及すべきでない」という発言もみられる(46)。

そうした中で、市長に対し政治的責任についてどう考えているのか、あるいは責任をどのように果たしていくのかをただしたものが多い。

これに対し、市長は合併問題に「一貫した姿勢」で取り組んできたことを強調するにとどまり、今後の多治見市のあり方について政治的責任を果たしていかねばならないと応えている。[47]市長の答弁は、ほぼこのようなスタンスで一貫している。

合併協議が破綻したことに関して、一貫した姿勢で取り組んできたことを言うだけで、どうして市長は自らの政治的責任に言及しないのか。それは、理事兼企画部長の「政治的責任ということでございますけれども、合併協議会が合併の是非も含めて検討するということを前提に各市町の議会の議決を受けて設立された協議会でございまして、その協議会で協議した結果を受けて住民意向調査が行われ、さらにこの住民意向調査の結果を尊重して合併の協議を進めるかどうかということを決めるということも明言しておりました。その意識調査の結果を受けて合併が白紙になったということでございまして、これにつきましては責任をとるといった性格のものではないかという[48]」答弁のように、そもそも政治的責任を云々する問題ではないと考えていたためかもしれない。

なるほど合併がご破算になったこと、そのことに対する言及はこれでよいのかもしれない。しかし、住民の総意とかけ離れて合併協議を進めてきたことに対しては、政治的責任があるのではないか。少なくとも、市民に対して反省の言葉があってしかるべきだと思う。

それにしても合併を推進してきた議員が、市長の政治的責任をただしたりするのに、自分たちの責任に関してはほとんど触れていないのは、はなはだ理解しがたい。

今後の市政運営の指針

三市一町の合併が破綻した今、これからの多治見市の市政運営の指針は何か。この問題が、破綻の理由や責任の所在と共に、三月議会の焦点となったのは驚くにあたらない。これに関する行政の指針は、行政と市民の役割のあり方を見直すことを中心にした行財政改革の推進と、元気をいつまでも持ち続けられる「持続可能な地域社会」づくりである。そして具体的には、この二つの観点から第五次多治見市総合計画の見直しを進めるというものであった。[49]

行財政改革に関しては、議員からも種々の具体的な提言が行われている。そのいくつかを取り上げてみたい。

このほか、これからの多治見市の進路について、笠原町との合併問題が論議された。笠原町で多治見市との合併を模索する動きが出てきたこともあって、笠原町との合併についてどんな接触があるのかという質問とともに、前向きな取り組みを求める意見が多く出された。

以下、こうした問題を見てみよう。

これからの多治見市をどうするのか。五次総の見直しについて行政は、市民と行政との協働による行財政改革と、「仕事づくり」「安心と誇りのもてる地域づくり」にあることを、繰り返し次のような答弁をしている。

「今後非常に厳しい財政運営が予想されるわけでございまして、現在行っております第五次総後期計画の策定の中でもこれまでの実行計画等に挙げられている施策、あるいは事務事業についても選択すること、あるいは優先順位をつけて総合計画を進行管理することによって行政全体をコントロールする必要があるだろうというふうに思っておりますし、総合計画そのものが行財政計画として機能するような計画でなければならないというふうに思っておりまして、そうした観点から五次総全体をもう一度見直して多治見市の今後の行政運営の指針にしていきたいというふうに考えているわけでございます。またこうした中で行政が提供するサービスにつきましては、必要最低限の水準として見直し、市民、NPO、ボランティア団体と協働しながら仕事を分担していく必要があるというふうに考えております。また新しい視点として私が提案いたしておりますが、今後訪れる少子高齢化、あるいは人口減少、また結果として税収が減少する中で、そうした中でも多治見市が元気であり続けること、市民が生き生き暮らすことのできるまちを目指して持続可能な地域社会づくりということを行っていきたい。そのためには二つの観点、仕事づくり、あるいは安心でき誇りの持てる地域づくりを基本にして今後の多治見市のあり方について考えていきたいというふうに思っております」(50)。

以上のような答弁に異論は出ていないが、行財政改革に関しては議員から多くの具体的な提言が出された。行政との間でかなり意見のやりとりが交わされたことを中心に述べると、こうである。

職員給与では、三%の調整手当ての廃止と退職時特別昇給制度の廃止が問題となった。

物価が高く、生計費がかさむ地域に勤務する職員に支給されるのが調整手当である。この調整手当が、多治見市では八七年四月から導入され、優秀な人材の確保や職員の勤労意欲の保持のために今日まで存続してきた。これが最近に至って四日市市、各務原市、大垣市などで実際に廃止されたり、見直しの方向で検討されている。これはそうした流れに沿ったもので、行政は廃止の方向で検討することを約束した。[51]

退職時特別昇給制度というのは、「勤務成績の特に良好な職員が、二〇年以上勤続して退職する場合に、一号給昇給させることができる」制度である。多治見市の場合、二〇年以上勤務して退職する職員のうち、この制度が適用された職員の割合は、最近でみると大体二五%前後である。これに関し、「成績のよい優秀な職員は日ごろの勤務成績を昇給だとか昇格で反映させていると思いますんで、さらなる上乗せ退職金というのは私は全廃すべきだと思います[52]」という主張に対し、「この制度自体が勤務成績の特に良好な職員について、長期間勤続に報いたいということで職員のやる気を起こさせる制度になっております。一律に特別昇給させるというような形であれば問題だと思いますけれども、制度を厳格に運用して一定の職員だけ対象とするということでは、むしろ意義のある制度だと考えております」[53]というのが行政の答弁で、この問題は平行線をたどった。

職員の削減に関しては、埼玉県志木市で取り組まれている行政パートナーの制度の導入について意見が交わされた。行政パートナーというのは、市の業務を市の職員だけで担当するのではなく、市と業務委託した団体にやってもらうもので、志木市の構想によれば最終的な市の職員数は三〇人から五〇人にとどめ、五〇〇人を超える行政パートナーを確保するという。

質問者はまず、「市民の大多数は職員数を今の半分でも、五〇〇人ぐらいでもいいと考えておりますがどうでしょうか」[54]と言い、財政難のもとでも行政サービスを向上させ、少子高齢化にも対応できる自立したまちづくりを構築するために、そしてまた市民との協働を進め、市民の雇用創出にもつながるので、この行政パートナーの制度の導入を求めた。これに対し、志木市の試みには大変注目しているが、長期間にわたって職員の不補充を続けると庁内の職員構成のバランスを欠くことになる。また、七〇〇円という低い時給では、五二三人もの行政パートナーを確保することは困難である。さらに、市の実際の仕事のやり方を考えても、三〇人から五〇人という市の職員では無理である、などの疑問が投げかけられた。そしてまた、一気に職員を減らすことは不可能であるし、安い賃金では専業主婦しか雇うことができないなど、行政パートナーの実現困難性が行政によって強調された。

行政改革に関する議員による提案の中で私が大変驚いたのは、多治見市の広報誌、『タジミスト』の発行を月二回から一回に減らしたらどうかという提言である。電子情報の活用によってそれは可能であるし、それによって広報たじみの発行に要する経費が大体三〇％から三八％削減できるという。[55]
この提言については、月一回に発行を減らすと、緊急時の対応とかタイムリーな情報提供がむずかしくなる。また二〇〇二年度の市民意識調査によると、パソコンでのインターネットの利用やeメールの利用者が三割程度にとどまっているので、広報誌の発行回数を減らすことは時期尚早であると行政は応えている。質問者はその答弁に納得せず、今やメール機能を持った携帯電話を大半の人が持っているので、月一回の発行でも十分対応できると主張したのであった。
最後に笠原町との合併問題であるが、本会議における議案の質疑の中で早くも浮上している。ある議員は、「まだ、私は合併がなくなったわけではないと思ってるんです。ということは、この表を見てもわかるように笠原町が賛成しておりますし、多治見市の反対の理由の多くに、多治見の名前がなくなるのは嫌だというようなそういう話もたくさんありました。笠原町との合併であるならば、多治見市の名前はなくならないわけですし、そういう意味においても、住民の反対する理由は少しでもなくなったんじゃないか」[56]と述べ、笠原町との合併についてどう考えるのかと質問している。
この質問に対し市長は、合併に関し事務レベルでの勉強会を立ち上げていくことで合意をみていると述べている。しかし、合併協議会の立ち上げを視野に入れて推進せよとの他の議員の主張に対しては、三市一町の合併協議と同じ轍を二度と踏まないように対応していきたいと、慎重な態度がうかがわれる。

三市一町合併に反対ないし慎重だったと思われる議員からも、笠原町との合併には賛意が表明されているが、その議員は合併特例債の適用期限にこだわることなく、多治見市と笠原町の交流状況を明らかにしながら進めるよう求めた。そしてまた、笠原町との合併にも反対もしくは慎重だと思われる議員からは、「今回の一般質問の中でも笠原町との問題の方がむしろ何か大分皆さんの関心事になってきているのかなというふうに思っていますが、十分に今回の合併議論の反省もきちんとした上で笠原町の部分ですね、やはり笠原町は確かに賛成が多かったんですけれど、これは対等合併ということで賛成が多かったんじゃないかなという気持もいたしますし、やっぱり条件が違ってくればまた合併という問題では別の角度で住民の皆さんの声をきちんと反映させていくことがまず大事ではないかというふうに思いますので、今までのことをきちんと総括した上で次の段階に進んでいく」(57)よう要望が出された。

しかしながら、三月三一日をもって東濃西部合併協議会を廃止することを決めた三月議会が、笠原町との合併協議に踏み出すスタート台ともなったのであった。

成果と課題

さて最後に、この間の合併協議はどんな成果を生んだのか。行政は、どんな反省点や課題を持つに至ったのか。

まず成果については、「今回の合併問題を通じて賛成・反対という考え方に限らず、市民は住民自治のあり方を含めて行政に対する関心が大変高められた」[58]とか、「今回の三市一町の合併は初めての住民投票に向け直接請求もされ、まち全体で議論を交わすことができたことは大きな自治意識の向上になったことと確信」[59]したと言う。ほとんど同じ事だが、「今まで以上に市民と行政、市民と議会との距離が短くなったような気がします」[60]との発言も見られる。

市長も、市民が「行政に対する関心あるいは市政の将来に対することに関しましてさまざまなかかわりを持たれたというのは非常に大きな成果であった」[61]と言う。

これらの発言は、もっともなことだと思う。ところが不思議なことに、合併を積極的に推進してきたと思われる議員の発言の中には、こうした指摘は見られなかった。

次に反省点をみてみるに、「市長自身が反省しなければならないことは、この一年半の中では何もなかったのか」との質問に、市長は「三市一町の枠組みで合併をしようということで進んできて、こういう結果になった、住民説明会等での理解が十分されなかったのかなという結果になったことについて、一般論ではあるが、広報等についてどういった方法があるのか、市民の方々への行政情報をきちっと提供するにはどういったことがあるのかということについて大変大きな問題が残ったと思っている」[62]と応えている。合併推進の思いが市民に支持されなかったのを、情報提供のあり方の問題にしているのは残念である。どんなにおいしいごちそうが提供されても、満腹の人には無用の長物であることを思い出して欲しい。
これに対し、合併を実現するのに「地域住民の一体感」の存在が大きな課題であると、次のように述べているのはまさにその通りである。

「やはり、あの合併を逆に成功させていくためには、それぞれ合併を考えている地域の人々が、やはり、その地域に対する一体感を持っているのかどうか、あるいは持てるのかどうか、これは例えば新市のまちづくり計画等を考えを通して、一体感を持てるのかどうかというようなことも含めてでございますが、そういうことが大変、重要な課題でございまして、今後とも合併を考えていく際に、そういうことを前提にやはり地域としての一体性を考えていく、あるいは、その一体性を持てるように、みんなで活動、運動していくというようなことが、やはり、大きな課題になるのかというふうに思っております(63)」。

しかし圏域住民の一体感の存在が合併の前提であることは、序章の「唐突な合併協議会の立ち上げ」で既に触れたように、西寺市長が管理者である東濃西部広域行政事務組合が策定した『第四次東濃西部地域広域市町圏計画』に書かれていることで、すこぶる当然のことである。市長がそれをことさら強調していることが、かえって不思議にさえ思える。

以上、多治見市の三月議会における三市一町の合併協議に関する総括論議をみてきた。そこでは多くの問題が取り上げられ、しかも非常に活発な論議が交わされており、あるべき議会の姿から一市民として誇りに思う。

とはいえ、前にも少し触れたが、合併を推進してきた議員が自分の責任は棚上げして、合併を推進してきた市長の政治的な責任をただすというのは一体どうしてなのか。しかも、合併推進派の議員が「合併に賛成の立場や反対の立場の市民が活発に運動し、それぞれの得票数を伸ばすのは、それぞれの立場の市民であります。しかし、得票率自体を上昇させ、どちらともいえないの得票数を限りなく減少させ、合併是非の判断を行いやすくする責務は行政にあるのであります(64)」と議会で発言していたことを、私は忘れることができない。

行政の投票啓発活動にはチラシの件のように問題があったが、とにかく投票率を五二・二％まで押し上げた。「どちらともいえない」の得票率が、笠原町や土岐市におけるよりも低い七・五％であった。こうしたことがすべて行政によるものとは言えないにしても、行政の果たした役割は大きかった。これに対し、合併賛成票を伸ばすのは、合併に賛成の市民の責任ではなかったのか。それなのに、市長に責任があるとはよくぞや言えたものである。このような責任を転嫁するやり方に、私は非常に大きな寂しさを感じざるをえない。

第三節　行政による総括
―多治見市『住民意向調査の結果について（三市一町合併協議の総括）』から

行政による総括文書

二〇〇四年三月三一日をもって東濃西部合併協議会を廃止するという案件を可決した三月議会で、西寺多治見市長は行政としても合併に関する総括を行い、公表することを約束した。(65)こうして出来上がったものが、多治見市『住民意向調査の結果について（三市一町合併協議の総括）平成一六年三月』（以下『総括』という）である。

これは、住民意向調査で多治見市ではなぜ反対票が賛成票を上回ることになったのかの究明に焦点があてられているが、合併協議の経過から合併協議の成果、合併破綻により失うことになったものや今後の行政運営の指針に至るまで触れている。そればかりか、資料編には新市まちづくり計画や合併協定項目の問題点も収めてあり、タイトルの括弧書きにあるように、行政による三市一町合併協議の総括文書であると言ってよい。

幻に終わった合併協議に関し、このように総括文書を残したのは三市一町でも多治見市だけであり、全国的にも恐らく非常に少ないものと思われる。中味に関しては、以下にみるように私からすると決して満足できるものではないが、この試みは高く評価したい。

ここではこの『総括』を取り上げて、その内容を紹介するとともに、コメントを加えたい。

その前に、この小冊子の構成の紹介をすると次の通りである。「一　合併協議の経過」から始まって、「二　調査の概要」「三　調査結果」「四　調査結果に対する評価と分析」と続き、「五　合併協議を終えて」で本論が終わる。あとは「六　資料編」で、しかもそれが三四頁のこの小冊子のうち二三頁と約三分の二を占める。したがって、本論にあたる記述は一〇頁たらずにすぎない。そしてそこでの核心にあたるのは、調査結果の評価と分析を試みた「四」である。

「合併協議の経過」

まずは「合併協議の経過」であるが、三市一町合併協議の背景や経緯、合併協議会における協議の進め方などを述べた後に、新市まちづくり計画や協定項目に関する検討や住民説明会など七項目に分けて、それぞれに関する経過が簡潔に記されている。

あくまで事実に基づいて客観的に述べたところであるだけに、かえって不思議に思ったことが二、三ある。ここで書かれていることで、それは事実と違うのではないかと思うことと、どうしてここでは書かれていないのかと思う点とである。

前者に関してはまず第一に、「本協議会は、合併ありきの協議ではなく、合併の是非も含めて協議すること、協議会の会議は全面公開することを確認するとともに、市民の意見を反映させるため意見箱を設置し、開かれた協議会とすることも申し合わされた」(66)と書かれている部分である。ここでいう「本協議会」は、第一回の合併協議会のことと理解するのが自然であるが、そこで「合併ありきの協議ではなく、合併の是非も含めて協議すること」が「申し合わされた」とある。これは事実なのか。『第一回東濃西部合併協議会　会議録』を改めて読みなおしたが、「あまりにもゴールありき」(67)という委員からの進行に対する批判はあるものの、その事実を会議録から見い出すことはできなかった。会議録にはなくても、その第一回の合併協議会の（報告事項）としてあった「東濃西部合併協議会規約」に、「合併の是非を含めた市町村の合併に関する協議」が、「協議会の事務」として掲げてあればまだしも理解できる。しかし規約には、「市町村の合併に関する協議」とあるだけである。(68)

これに関する私の事実認識は、以上の通りである。「合併ありき」との批判をかわすために、この申し合わせがあったかどうかは重要な論点である。私はこれが架空のこととは思わないが、少なくとも第一回合併協議会の記録には見い出せない。

次に合併協議会主催の住民説明会について述べたところで、「説明会は、事務局職員の全般的な説明の後、広報広聴小委員会委員が中心となり住民からの質問にも回答した」[69]とあるが、それは事実と違う。私は二一会場のうち九会場に足を運んだが、広報広聴小委員会委員が質問によっては回答したケースも確かに見られたが、どこの会場でも大部分の回答は、事務局長によって行われている。それから思うに、住民からの質問に「中心」となって回答したのは決して広報広聴小委員会委員ではなかろう。

どうしてこんな、事実と異なる記録がなされているのだろうか。恐らくは、行政主導でなく、協議会委員主導によって合併協議が進められたことを言外に強調したいためと思われる。

以上が、叙述の中で事実と違うのではないかと思った点である。それらは今から思えば実にささいなことかもしれないが、行政によって事実がこのようにわい曲されることに、寂しさを越えて怒りに近いものを覚える。

次は、どうして触れていないかと疑問に思ったことである。

住民意向調査について述べた中で、「調査結果がどのように反映されるかについて、事前に各首長がその考え方を示したが、住民の関心が低く、低い投票率となることも予想されたため、投票率の向上に向け、委員中心となった啓発活動も積極的に行われるとともに、多治見市独自の啓発も積極的に行った」[70]、とある。この「多治見市独自の啓発」活動が積極的に行われたのはその通りであるが、その際に配布された投票啓発のチラシは、前節の「合併協議の経過に関わる問題点」の中で取り上げたように、反対派からすれば大変問題のあるチラシであった。このため合併反対派の市民有志は、このチラシの配布について多治見市長に抗議と中止を申し入れたのであった。ところが「合併協議の経過」では、このことに何も言及していないのである。

市当局からすれば、この申し入れは全く筋違いの取るに足らないことで、記録に残す必要がないと判断したのかもしれない。あるいは逆に、当局に不都合だから無視されたのかもしれない。いずれにせよ、申し入れた市民からすればそれは非常に大きな出来事であり、それに一言も触れていないのははなはだ理解し難い。

「調査の概要」「調査結果」

「調査の概要」では、「住民意向の把握の方法については、合併協議会委員や住民の意見、合併の重要性などを踏まえて、具体的な協議結果を住民に周知するとともに、公平性や住民の参加意識という点も考慮して、投票方式の意向調査を採用した。この方式は、先進地である西東京市を参考とした」(71)ことをまず述べた後に、「目的」や「調査項目」、「調査対象者」などについて書かれている。

これで別に問題はないのであるが、少し厳密にみると、西東京市の「投票方式による全有権者アンケート」と三市一町の住民意向調査とではかなり違う点がある。調査対象者に永住外国人も含めたこと以外に、とりわけ問題なのは、調査結果の取扱いが「有効投票の過半数が合併に反対であれば、合併の期日を始め、現在進めている合併の協議について見直すものとする」[72]から、「合併の是非については、得票結果を尊重して合併協議を行う」となったことである。審議の過程で、西東京市のものからかなり後退したことは否めない。

今も触れたように、三市一町では調査対象者が市内に住所がある一八才以上と永住外国人にも拡大されたが、別段それほど論議を呼ばなかった。滋賀県米原町が、合併の枠組みに関して永住外国人参加の住民投票を、二〇〇二年三月三一日に全国で初めて実施した時は大変な注目を浴びたのであるが、わずか二年程ですっかり定着した感があるとつくづく思う。

さて意向調査の結果が、「調査結果」として投票率と投票結果とに分けて表付きで示されている。ユニークな試みとして、多治見市内の二五投票区のうちの一つで年代別投票率の調査結果が表にされ、年代によって投票率に大きな差があることが指摘されている。それによれば、一番高い投票率は六五―七〇才の七一・七八％、逆に最も低かったのが二〇―二五才の三一・四九％である。これだけの大きな差異は、合併問題だからなのか、一般選挙でも同様なのか、という疑問が頭をかすめたが、大変驚いたのだった。

五つの選択肢から一つを選択した新市の名称では、全国公募で第三位の得票数だった「東濃」が、全国公募トップの「陶都」にとって代わったことが興味深い。

「調査結果に対する評価と分析」

ここまでは、評価や分析はせずに事実を記述することに力点が置かれてきたが、「調査結果に対する評価と分析」では、以下にみるように五項目に関して評価や分析が行われている。

まず「意向調査の実施時期と投票率」に関しては、投票率が五割を超えたので実施時期は適当であったと評価する。

次の「調査項目」では、「賛成」「反対」「どちらともいえない」の三択で行われたのであるが、「どちらともいえない」の得票率が七・四八％にとどまったので、二択か三択かの調査項目は投票結果に大きな影響を及ぼすことはなかった。

三つ目の「調査対象年齢」については、一八才以上にまで調査対象年齢を引き下げたのであるが、新聞社による新成人アンケートの結果と全体の結果とに大きな差はなかったので、対象年齢の引き下げも、これまた大きな影響はなかったという。

以上の三つの項目に関する評価に関しては、それほど違和感を覚えない。ただし合併に関する住民投票は、合併協議に入る前と合併協議が終了した時点と、本来二回行うのが望ましいと考えるので、実施時期に関しては全面的に賛同するわけではない。

第四項目の「反対が上回った理由」に関しては、まず**図表1**の「合併反対要因」が掲載されている。そして基本的な反対要因を分析した「全体について」と続き、その後にこの間の広報広聴活動を総括した「広報広聴活動について」が記述されている。

ところで**図表1**の合併反対要因は、『総括』の資料編に収録されている「(八)合併反対につながる意見」をさらに取りまとめたものである。**図表1**では、「合併の枠組みの考え方」から「その他」まで六つの項目で整理されているが、資料編ではこれら(ただし「広報広聴活動の不足」が除かれている)のほかに、「周辺部の問題」「財政への心配」「合併のメリット」「合併ありきの協議」「きめ細かな行政等」を加えた一〇項目と、それ「以外の職員等から出された意見」「広報広聴活動について」でまとめてある。(73)

この列挙された反対要因に関して大変不思議に思ったことは、「住民自治」の言葉が**図表1**にはなく、資料編の中でわずか一ヶ所だけで使われていることである。合併は住民自治の後退を招くということを声高に主張してきた者として、こうした取り扱いは理解に苦しむ。

それはともかくとして、列挙された以上のような反対要因から、なぜ反対が上回ったのかの分析がされているので、それを紹介した上でコメントを加えたい。少し長いが、それを試みた「全体について」の全文を掲載すると、次の通りである。

図表1　合併反対要因

投票者への直接的な調査を行っていないのであくまでも想定となるが、住民説明会やお届けセミナー等で出された意見及び、議員、協議会委員、職員等の意見から合併反対要因を以下の項目に分けて探った。

①合併の枠組みの考え方

・総合的なメリットという点で、3市1町の枠組みに疑問を持ったこと。

②合併の必要性、メリットへの理解

・将来、合併しなくても何とかやっていけると考え、財政的不安を感じなかったこと。

・現在の人口規模、市の大きさが適切であると考えたこと。

・財政状況が悪い他市と合併しても、財政基盤は強化されないと考えたこと。

・高齢化の高い市町と合併しても、少子高齢化の問題解決にならないと感じたこと。

・多治見市は都市基盤整備が進んでおり、他市の投資のため、負担が増すと考えたこと。

③新市の名称への不満

・多治見市の名がなくなることは寂しいと感じたこと。

・新市の名称に自分の考えに近いものがなかったこと。

④合併協議結果への不満

・新市まちづくり計画に魅力ある将来展望を見いだせなかったこと。

・特例債を使ってむだな箱物が作られ、次世代の負担を増すのではないかと考えたこと。

・議員の在任特例や職員の削減方針について、行政に対する不信感を抱いたこと。

・上下水道等の公共料金が将来値上げされるのではないかと考えたこと。

・協定項目に先送り事項が多く、合併後の新市の姿に不安を感じたこと。

・財産の取扱いや公共料金を巡る合併協定項目の協議過程で、他市との考え方の相違を目の当たりにしたこと。

⑤広報広聴活動の不足

・住民説明会の参加者が、協議会と市で24回、1,500人程と少なかったこと。

・財政見通しなど説明が難しく、内容がよくわからなかったこと。

・合併に関する各種チラシや冊子があまり読まれなかったこと。

・住民が合併を自らの事柄と捉えず、おとどけセミナー等の活用が協議会と市で37回、1,300人程度にとどまったこと。

・合併推進に対する市の姿勢が、必ずしも明確でなかったこと。

⑥その他

・国主導による合併協議に反発を覚えたこと。

・合併することで周辺部となり、行政の目が届かなくなる懸念を持ったこと。

・研究学園都市の推進に反対したこと。

・改革度の高い多治見市が、2市1町とうまく一体化できるか疑問に感じたこと。

・道路脇に立てられた反対看板やチラシ、反対の意見に感化されたこと。

・2度にわたる住民投票条例の提案・否決が影響したこと。

・合併のような総合的な政策判断は、意向調査にはなじまなかったこと。

・合併の是非とともに新市名を聞いたことで、合併の本質的な目的周知が曖昧になったこと。

（出所）多治見市『住民意向調査の結果について（3市1町合併協議の総括）平成16年3月』7-8頁。

「このように多くの要因が考えられるが、第一に『多治見市の名がなくなることの寂しさ』や『多治見市のこれまでの政策を続けていきたい』などの『多治見のまちへの愛着』が考えられる。これは、二〜三月に行った地区懇談会の会場でも意見が出されている。

次いで、他の市町のために上・下水道などの公共料金が上がったり、道路などの都市基盤整備の投資が他市町へ流れてしまうという懸念が広がり、今なぜ合併を進める必要があるのか、合併によるメリットが十分理解されなかったことがあげられる。

今後、少子高齢化の進展に伴う財政悪化から住民サービスの低下や負担の増大が避けられないこと、多治見市単独での発展の可能性にも限界があることから、合併は有効な施策であり、市としても合併推進の立場を鮮明にして説明を行ってきたが、市民からは市町単位のデメリットに重きをおいて判断され、実感として受け入れられなかったものと思われる。

その他に、まちづくり計画に魅力ある将来展望が見いだせなかったことや、合併協定項目に先送り事項が多かったこと、さらに都市計画の線引きや研究学園都市等の個別の施策に対して反対をはっきり示した団体の存在も無視できないし、看板やチラシも大きな影響力があったと感じられる。

なお『意向調査がなじまないのではないか』との意見については、市町村合併は、市民生活に重大な影響を与える事項であり、意向調査等により直接市民に意見を聞くことは極めて重要であるが、市民が様々な面で利害関係を有するが故に、その選択が短期的な要因に左右されがちな面もあることから出されたものと思われる」[74]。

なぜ合併がご破算になったのか。その根本的な要因は、市民の強い「多治見のまちへの愛着」のためである。これは多治見市長が強調していることでもあるが、これに関しては前節の「破綻の原因」でコメントを加えておいた。繰り返すことになるが、まちへの愛着は合併を必要としない理由の一つであっても、合併が破綻した原因ではないと私は思う。

次に、「今なぜ合併を進める必要があるのか、合併によるメリットが十分理解されなかったこと」と、市民が「市町単位のデメリットに重きをおいて判断」したためであると言うのである。これらの点は市議会でも議論になっていたが、『総括』ではこれを明確に打ち出していることが特徴的である。

多治見市民に合併の必要性やメリットが理解されなかったとか、多治見市民が合併のデメリットで合併を判断したから合併が白紙に戻ったとみなすがゆえに、『総括』はその「広報広聴活動について」の中で次のように言う。「総論として、様々な場で様々な形で説明する中で、『合併による恩恵は長期的かつマクロ的なものであり、一般市民にとってはなかなか理解しにくい、説明が難しい』ものであるのに対して、『反対材料は身近にありしかも極めて実感されやすい』という印象を受け、このことが調査結果で反対が多かった大きな要因と考えられる」[75]。

本当にそうであろうか。それでは合併賛成票が多かった笠原町民への広報広聴活動は、私たち多治見市民へのものとそんなに違っていたのであろうか。ほとんど同じであろう。同じ広報広聴活動でも、笠原町民には多治見市民と違ってどうして合併の恩恵がよく理解されたのか。まさか理解力に差があると言うのではあるまい。

したがって、合併破綻の根本的原因はここで指摘されているようなことではないのである。

たびたび繰り返すことになるが、三市一町で組織する東濃西部広域行政事務組合が、『第四次東濃西部地域広域市町圏計画』を策定した際に、住民意識調査が行われた。それによれば、三市一町の合併に関しては賛成が三分の一にすぎなかった。このために広域連合の設置を検討し、三市一町の合併はもっと将来の課題とする計画を二〇〇一年三月に策定したのであった。しかるに、この計画を策定したわずか一年後の二〇〇二年三月に、合併協議会を設置する三市一町の首長・議長合意が行われたのである。

三市一町合併協議の総括をするのであれば、この事実を看過したり、無視したりすることはできないはずである。ここにこそ、総括の核心があると思う。

それなのに、住民の中に合併の機運があまりないのに合併協議を進めたことに問題があると考える私の以上のような考えは、なかなか行政に届かないようである。

たとえば、二〇〇二年六月二日の第一回多治見市タウンミーティングのパネリストの一員として参加した私は、「(今日の) この会への出席者が多いとは思えません。合併に対して市民の気運があまりないのに、法定協議会を設置することに問題があるのではないでしょうか」[76]と発言したのであった。同じく二〇〇三年一二月二三日の第三回タウンミーティングの際にも、「合併を歓迎するムードが住民の中に高まりをほとんど見せてもいなければ、三市一町の住民の一体感もあまりない。また、合併協議会の議論や住民説明会の状況から思うに、財産も借金もお互いが共有し、必要とあれば負担増もいとわないで誇りに思えるまちを今からつくるのだという気概があまり見られない。このように、そもそも合併の条件が成熟しているとはいえない」[77]、という私の「発言趣旨」が当日の資料に掲載されている。

これでもなお、**図表1**の合併反対要因に取り上げられることもなければ、資料編の「合併反対につながる意見」にも書かれていない。[78]本当に不思議である。

しかも、それは既に前章第二節の「破綻の原因」で紹介ずみであるが、私と同様の見解が三月議会でもある議員によって指摘されていた。したがって行政は、総括するに際しそのことを十分に認識していたはずである。それでも反対理由に取り上げられていない。

事実は、以上の通りである。そこで問題なのは、次のことである。

合併が白紙に戻ったのは、市民のまちへの愛着が強かったからである。それに加えて、市民に合併の必要性やメリットが理解してもらえなかったし、市民が合併のデメリットで判断したからである。

なぜ『総括』はこれらの指摘にとどまって、賛成が少なかった中で合併協議を始めたことに言及しないのか。

思うにそれは、行政に大変都合がよいからである。『総括』のように言っておれば、行政は合併破綻の責任から逃れることができる。悪いのは、いかにも市民のようであるからである。せいぜい責任を問われても、合併問題に関しては広報活動にはそもそも限界があったことや、市民のまちへの愛着の強さを把握できなかったことにとどまるからである。

さて話題を変えて、次の問題に移りたい。

先ほど引用した「全体について」は、「意向調査がなじまないのではないか」という意見へのコメントで結ばれていた。合併破綻の理由を問題としているここで、合併推進派の意見をなぜ取り上げているのかよくわからない。そしてまた、好意的とも思えるような観点からコメントが加えられているのも奇異な感じがする。なぜなら、彼らが意向調査をなぜ批判するのかと言えば、合併の是非を議会でなく住民が決めるからであり、住民の総意が彼らの思惑と異なる事態を生み出すことを恐れていると思うからである。

また「広報広聴活動について」の最後には、「今回のような合併協議という総合的な問題について、直接住民に意向を伺う際の、住民説明会の開催や関連資料の配布という従来型の広報活動に依存することの限界が明らかになったとも言える」(79)と書かれている。これは、前節の「成果と課題」の反省点に関する市長発言と共通するものがある。

合併の必要性やメリットが理解されなかったことを述べてきたいきがかりから、苦しまぎれに出た言葉であれば、それはまだわかる。しかしそれを本気で言っているとすれば、それはこっけいでさえある。

「調査結果に対する評価と分析」の最後は、「反対割合が他市より低かった理由」について述べている。それは、多治見市では反対が賛成を上回るのではないかという危機感から、合併推進議員団や財界が他市よりも積極的な運動を展開したためである。そのほか、多治見市が行った多治見市の将来の財政問題を強く訴えた啓発方法や、積極的な情報公開も効果があったことが指摘されている。

ここでは、このように多治見市の将来の財政問題を強く訴えた啓発方法に触れているが、それに関して言えば、私は「合併協議の経過」の中で既述した投票啓発のチラシの効果が大きかったのではないかと思っている。いずれにせよ、「多治見市のように、私に言わせればやりすぎと思うほど、大胆に住民に働きかけ」[80]た結果によるのではないであろうか。

「合併協議を終えて」

『総括』の本論の最後は、「合併協議を終えて」である。その全文を記すと、次の通りである。

「住民意向調査の結果は、全ての市町において真摯に受け取られ、昭和六〇年代から議論が進められた、三市一町を枠組みとした合併協議は終了した。

これにより総額五九二億円の合併特例債を活用した道路等の都市基盤整備や、一〇年間の交付税の合併算定替等、合併を機に受けられる様々な財政支援措置と合理化による経費削減の機会、そして多治見の行政区域を越えた新たなまちづくりの推進等、新しい視点での地域の発展の機会を失うこととなった。

しかしながら、一年半に及ぶ合併協議を通じて各市町の行政手法や実情がわかり、各市町それぞれ得たものはあったと考えられるし、市民も市の将来について自ら勉強し、議論し合い、まちづくりを自らのことと捉える貴重な機会になったことが成果としてあげられる。

今後、非常に厳しい財政が見込まれ、市民サービスの低下や市民負担の増加も検討していかざるを得ないが、五次総の見直しを機に全力をあげて行財政改革を推進し、『しごとづくり』や『安心でき、誇りの持てる地域づくり』を基本に、『持続可能な地域づくり』という視点を重視しながら行政運営に取り組むべきと考える」(81)。

最後のこれからの行政運営に関する指針を除くと、これは二〇〇四年三月議会の市政一般質問における「今回の合併協議と住民意向調査で多治見市が得たものは何なのでしょう、失ったものは何でしょう、お尋ねいたします」という質問に対する市長答弁を、整理したものと言える。(82)

さてここでは、失うことになったものとして「合併特例債を活用した道路等の都市基盤」、「様々な財政支援措置と合理化による経費削減の機会」ならびに「新しい視点での地域の発展の機会」の三つが列挙されている。

もしそういうのであれば、巨額の合併特例債という借金を国と新市に新たに付け加えることが回避できたことを逆に強調したい。残りの点についても、地方交付税算定特例がなくなる合併経過一五年後には、財政上のメリットはほとんど消滅する。さらには土岐市の動向などを見ていると、果たしてどれだけ新しい視点での地域の発展が可能であったか疑問に思う。したがって、失うことになったからと言って、それほど残念がることではなかろう。

また失われたものがたとえ大きなものであったとしても、自治体としての多治見市の存続に代えるほどのものとは思われない。

「資料編」

資料編には、合併協議会や多治見市の取り組み状況を中心に、住民意向調査の経緯や意向調査尊重に対する四首長の考え方など住民意向調査にかかわるもののほか、「新市まちづくり計画の問題点」「合併協定項目の問題点」「合併反対につながる意見」「合併協議に要した経費」が掲載されている。「合併反対につながる意見」については既に触れたし、「合併協定項目の問題点」は各協定項目に関して、説明会などで出された反対意見の紹介にとどまる。これに対し、「新市まちづくり計画の問題点」はそれなりの評価や分析が行われているので、ここで取り上げることにする。

新市まちづくり計画の問題点として、「新市の将来像」「主要事業」「財政計画」ならびに「職員削減数」の四項目にわたって述べている。

そこで言わんとしていることは、新しいまちづくり計画が次に見るようなさまざまな問題点をかかえているため、「合併推進への十分な材料とはならなかった」(83)ということのようである。この評価には同意するが、しかしその理由はここで指摘されていることとはかなり違う(84)。

それでは各項目ごとにみてみよう。

まず「新市の将来像」では、合併後も財政状況が厳しいことが見込まれるため、新しいまちづくり計画が「希望にあふれ、夢の多い事業がふんだんに入った」(85)計画ではなく、きわめて現実的な中味からなる計画にとどまったことが指摘されている。

「主要事業」に関しては、新しいまちづくり計画が三市一町の総合計画に基づいて策定されたため、各市町の住民の関心が高い主要事業がそれに盛り込まれたが、そのことが「逆に他市町の住民にとっては認識が薄く、合併を機にむだな箱物づくりが進み、住民負担が増大するとの懸念が持たれた[86]」というのである。

事業計画に基づき、長期的な数値も取り入れて作成した「財政計画」であるのに、「合併のメリットである特例債については、単に借金が増えるだけとの認識で、通常事業の置き換え等、その有利性が必ずしも伝わらなかった[87]」。

以上に関しては、このような問題点が指摘されている。しかし、そのような問題の根底には次のようなことがあると思われる。住民説明会などで強調されたことは、合併の目的は巨額の合併特例債や財政支援を受けて、この地域の遅れた基盤整備を進めることである。そして、合併特例債の適用を受けるために、各市町の総合計画からピックアップした事業を新しいまちづくり計画に掲載したのであった。このために、目ざすべきまちづくりに向けて考え出された事業計画を掲載するのではなく、各市町の箱物をとりそろえたまちづくり計画となってしまった。ここにこそ、根本的な問題があったのではないかと思う。

最後の「職員削減数」では、削減人員を当初二六〇人と算出したが、「今後の行政改革の推進を見込み三〇〇人へと見直した[88]」とある。

ところでそのきっかけとなったのは、新市建設計画小委員会での委員による次のような発言である。

住民説明会において、住民の合併への疑問や批判が多かったのは、住民の合併への必要性の理解が不十分なためである。このために、合併が徹底した行政改革であるということをもっと鮮明に打ち出す必要があるというのである。[89]この発言を受けて、見直しが行われたのであった。

以上、行政による総括文書の紹介とコメントを行ってきた。冒頭でも述べたように、行政が幻に終わった合併協議の総括文書を作成し、公表するということはかなり画期的な試みである。それだけに、行政にとって都合のよい総括になっていることを大変残念に思う。

〔注〕

(1) この『東濃西部新都市のための提言』と拙著『わがまちが残った』が、「東濃西部合併推進・反対派が提言書」という見出しで、『岐阜新聞』(二〇〇四年六月三日)で紹介されている。

(2) 桔梗連合市民会議『東濃西部新都市のための提言』(以下、『提言』という)、平成一六年三月、五頁。

(3) 同右、一三頁。

(4) 同右、四頁。

(5) 同右、五頁。

(6) 陶都経済懇話会が平成一四年一一月に、東濃西部合併協議会会長　多治見市長西寺雅也様あてに提出した「要望書」による。

(7) 『中日新聞』二〇〇二年一一月六日。

(8) 『提言』三七頁。

(9) 拙著『わがまちが残った』一六―一九頁を参照されたい。そしてまた、東濃西部合併協議会『～活力、安心、創造を求めて～みんなでつくる、緑あふれる、交流のまち(東濃西部三市一町合併協議の状況報告書)』の二四頁や、多治見市『多治見市合併説明会〜多治見市にとっての東濃西部三市一町合併〜』の一七頁と一九頁を見ても、そうした理解が間違いであることがわかる。なお、『わがまちが残った』の一六頁で、「地域問題研究所の同一人の執筆と思われるが」と記述したが、同一人でないことが判ったので、「同じ地域問題研究所の研究員の執筆であるが」に訂正しておく。

(10) この組織とは別に、地元の経済人らでつくる「桂政会」（加藤政兵衛会長）が、合併破綻の総括をするために、公開座談会「三市一町合併住民意向調査の総括、そしてこれから……」を、二〇〇四年三月一九日に開催している。当日の状況については、『中日新聞』二〇〇四年三月二〇日を参照されたい。

(11) 「多治見市、瑞浪市、土岐市、笠原町の合併に関する協議を行うことを目的といたしまして設置されました法定の合併協議会につきましては、去る一月二五日の投票方式によります住民意向調査の結果を受けまして、一月二八日の本協議で解散することが確認され、協議会の解散手続を進めることとなりましたので、三月三一日をもって協議会を廃止するものでございます」（『平成一六年第一回多治見市議会定例会会議録』二一一一二二頁。

(12) この「企画部部長」というのは、合併協議会へ出向していた人で、「理事兼企画部長」とは別人である。「企画部課長」と「企画課長」に関しても、同様である。

(13) 『平成一六年第一回多治見市議会定例会会議録』二二二一二三頁。

(14) 同右、八二頁。

(15) こうした観点から、浦和市、大宮市、与野市の三市の合併協議にさいし、任意の協議会が設置されたことに疑問が投げかけられている（辻山幸宣監修／埼玉県地方自治研究センター編『誰が合併を決めたのか（さいたま市合併報告書）』公人社、二〇〇三年、二九一三三頁）。

(16) たとえば、二〇〇二年一一月に発足した「豊田加茂市町村合併研究会」は、首長・議長・住民代表からなっている（豊田加茂合併協議会「新しいまちづくりと、これからの暮らし　市町村合併のあらまし」二〇〇四年八月、二頁）。

(17) この投票啓発のチラシの件は、拙著『わがまちが残った』の第四章第二節「多治見市の投票啓発活動」にくわしい。

(18) 『平成一六年第一回多治見市議会定例会会議録』一七九頁。

(19) 『合併問題調査特別委員会会議録』（二〇〇四年三月一五日）九頁。

(20) 『平成一六年第一回多治見市議会定例会会議録』八五頁と一八六一一八七頁の教育長答弁による。これが真相であるため、校長会が反対したため配布を取り止めたと書いた拙著『わがまちが残った』二三九頁の注（6）は間違いである。

(21) 『平成一六年第一回多治見市議会定例会会議録』七八頁。

(22)『合併問題調査特別委員会会議録』(二〇〇四年三月一五日)二頁。
(23)同右、六頁。
(24)同右、二一—三頁。
(25)同右、一四頁。
(26)『市民参加をよりすすめるために』というタイトルで、二〇〇四年三月に市長に提出された。
(27)『平成一六年第一回多治見市議会定例会会議録』六頁。
(28)『第二三回東濃西部合併協議会　会議録』七頁。
(29)広報たじみ『タジミスト』No.一〇三六、二〇〇四年二月一五日。
(30)『合併問題調査特別委員会会議録』(二〇〇四年三月一五日)一五頁。
(31)『平成一六年第一回多治見市議会定例会会議録』一七九頁。
(32)同右、二一三頁。
(33)同右、九二頁。
(34)同右、一五三頁。
(35)同右、二七三頁。
(36)同右、二七四頁。
(37)同右、八八—八九頁。
(38)同右、八八頁。
(39)同右、一七四—一七五頁。
(40)同右、一七六頁。
(41)『合併問題調査特別委員会会議録』(二〇〇四年三月一五日)一一頁。
(42)『平成一六年第一回多治見市議会定例会会議録』二四八—二四九頁。
(43)同右、三一五頁。
(44)これに対する市長の答弁は、「私は先ほどから申しておりますように、合併協議を始めるときから今日まで、一貫してこの姿勢を貫いてきたというふうに考えておりまして、今このことで辞任するというようなことは考えておりません」(『平成一六年第一回多治見市議会定例会会議録』九二頁)というものであった。

(45)『平成一六年第一回多治見市議会定例会会議録』二四九頁。
(46)同右、一五三頁。
(47)たとえば多治見市長は、「最終的には意向調査という形で結果が出たということにつきまして、それを厳粛に受け止め、今後多治見市長がどういう道を進んでいくのかということ、単独であれ、あるいは別の合併を選ぶにせよ、今後私どもが、この多治見市が元気を失わないようにするためにどうしたらいいかということで、私たちの政治的な責任を果たしていかなければいけないというふうに考えております」(『平成一六年第一回多治見市議会定例会会議録』九〇頁)と、答弁している。
(48)『平成一六年第一回多治見市議会定例会会議録』一七九頁。
(49)総合計画の見直しについては、第五次多治見市総合計画(後期実施計画)策定事務局『第五次多治見市総合計画(平成一三年度~二二年度) 討議課題集~前期四年間の評価と後期計画再検討のための論点整理』平成一六年四月と、多治見市『第五次多治見市総合計画(改訂版)基本構想(案)』平成一六年七月、が大変わかりやすい。
(50)『平成一六年第一回多治見市議会定例会会議録』二二三頁。なお西寺市長は、総合計画に基づくまちづくりで全国的にも高い評価を受けている。くわしくは、西寺雅也『多治見市の総合計画に基づく政策実行―首長の政策の進め方』公人の友社、二〇〇四年、を参照されたい。
(51)二〇〇五年四月から廃止された。
(52)『平成一六年第一回多治見市議会定例会会議録』一六二頁。
(53)同右、一六三頁。
(54)同右、一九〇頁。
(55)同右、一九二頁。
(56)同右、八〇頁。
(57)同右、二二六頁。
(58)『合併問題調査特別委員会会議録』(二〇〇四年三月一五日)一九頁。
(59)『平成一六年第一回多治見市議会定例会会議録』一六七頁。
(60)同右、一五三頁。
(61)同右、二五一頁。

(62)『合併問題調査特別委員会会議録』(二〇〇四年三月一五日)四頁。
(63)『平成一六年第一回多治見市議会定例会会議録』二四二―二四三頁。
(64)『平成一五年第五回多治見市議会定例会会議録』一八七頁。
(65)『平成一六年第一回多治見市議会定例会会議録』二五七頁。
(66)多治見市『住民意向調査の結果について(三市一町合併協議の総括)平成一六年三月』(以下、『総括』という)一頁。
(67)『第一回東濃西部合併協議会　会議録』三五頁。
(68)この点に関しては、拙著『わがまちが残った』四五―四六頁を参照されたい。
(69)『総括』二頁。
(70)同右、四頁。
(71)同右、五頁。
(72)『平成一二年第一回臨時会保谷市議会会議録』五一〇頁。
(73)資料編では九項目となっているが、これは誤植である。
(74)『総括』八―九頁。
(75)同右、九頁。
(76)広報たじみ『タジミスト』№一九九九、平成一四年八月一日。この号に当日のシンポジウムの概要が掲載されている。また、拙著『わがまちが残った』に資料その一として収録してある。
(77)合併シンポジウム資料。また、拙著『わがまちが残った』の二〇二頁に収録。
(78)これに対し、資料編の「合併反対につながる意見」に「複数の説明会で同一人が何度も質問や意見を述べ、世論が形成された」ことが列挙されている。ひょっとすると私のことかもしれないが、私は同じ質問や意見を複数の会場で述べていない。一つの会場で質問を二、三項目にとどめざるを得なかったので多くの会場に足を運び質問したが、反対の世論形成を目的に行ったわけではない。そもそもそんなことで世論が形成されるはずがないし、説明会出席者の多くが合併に疑問を持っていたり、消極的であったからであると思う。
(79)『総括』九頁。
(80)拙著『わがまちが残った』二三四頁。
(81)『総括』一〇頁。

(82)「得たものと言いますのは、先ほども、申しましたけれども、合併協議を通じまして、互いの市町の行政手法、あるいは実情等もわかりまして、そういう意味で、この地域の課題、今後、もし再度、合併を考えるようなことがある場合には、先ほども申しましたが、一体感が持てる地域であることを形成しながら、考えなければいけないといったことがわかりましたし、市民の皆さん方の将来について、市民の皆さんも市の将来について、本当に真剣に議論もしていただきましたし、学ぶことができたのではないか。あるいは、かかわることができたのではないかというふうに思っております。

もちろん、失ったものにつきましては、社会基盤の整備等を、この厳しい財政状況の中で行わなければならないということでございますので、その整備が遅れる、あるいは今後のさまざまな事務事業を削減していかなければならないということが、一つでございます。また、多治見市の行政区域を超えて新たなまちづくりを推進する、例えば、東海環状自動車道ができるということの、ポテンシャルの高まりを生かすような広域的なまちづくり、そうしたことがしにくくなったということで、大変、厳しい財政状況の中で、多治見市の市政運営をせざるを得なくなったということだろうというふうに思っております」(『平成一六年第一回多治見市議会定例会会議録』二七八頁)と答弁している。

(83)『総括』二九頁。

(84)拙著『わがまちが残った』の第二章第三節「新しいまちづくり計画の批判的検討」を参照されたい。

(85)『総括』二九頁。

(86)同右、二九頁。

(87)同右、二九頁。

(88)同右、二九頁。

(89)『第一二回新市建設計画作成小委員会　会議録』八頁。

第三章　流れが変わった県下の合併動向

第一節　吹き荒れた県下の合併旋風

全国でも有数な合併推進県

二〇〇三年六月一六日から始められた合併協議会主催の住民説明会の資料に、「県下の合併協議会の状況（平成一五年六月一日現在）」として、「岐阜県には九九市町村ありましたが、他府県と比べ合併協議が盛んに行われており、仮に現在の協議組織が全て合併へと至った場合は、二〇～二五市町村になると見込まれます」(1)と書かれていた。県下のいかに多くの市町村が合併協議を進めているかが、人目を強く引くように「説明会日程」に次ぐページに地図と共に取り上げられていた。

また岐阜県議会（二〇〇三年一二月）においても、「昨今、地方分権、市町村合併等の動きが進んでおり、特に我が岐阜県においては、市町村合併の動きが急であります。昨年の今ごろは九十九市町村あったものが、現在では九十六の市町村となっており、今年度末までには十六減って八十の市町村となる見込みであり、合併特例法が期限切れとなる平成十七年三月までには、さらに何と六十ほど減って、二十前後の市町村数となってしまうことが予想されております」[2]という議員の発言が見られる。

東濃西部三市一町の合併協議が破談になる前までは、県下においては次から次へと合併協議会が設置され、二〇〇三年四月一日には中部六県合併第一号であった山県市（高富町、伊自良村、美山町が合併）が誕生するなど、まさに上記のような状況であった。

こうした流れの中で、白川村だけが二〇〇二年九月一一日に、高山市など一五市町村でつくる「飛騨地域合併推進協議会」から離脱し、単独で行くことを表明したのであった。

その理由として列挙されていることは、まず第一に行政の中心である高山市までの距離が八五キロメートル〜一〇〇キロメートル（所要時間一時間三〇分から二時間）と遠く、行政運営等に大きな弊害となるばかりか、住民への利点も薄弱化する。次に、高山市への編入合併では、高山市への一極集中化、白川村の過疎化が助長されるとともに、集落機能が維持できなくなる恐れがある。第三に、世界遺産白川郷合掌造り集落を守り伝え残していく義務があるが、合併すると地域のコミュニティ機能が衰退し、住民の保存意識が薄れていく恐れがある。そして最後に、合併に関する座談会などで住民の大半から単独で行くべきだとの意見が出されたほか、合併するなら富山県側との合併を望む意見も多く出されている。[3]

このために村長は、二〇〇二年一〇月七日の第六回飛騨地域合併推進協議会の席上で、「白川村村民として、一致団結して、味噌をなめても村づくりをやっていこうということになりました」[4]と述べて、協議会からの離脱を正式に表明したのであった。

次は、合併協議が大変難航したので、合併する意思を持ちながらも単独で行くことを選択したケースである。

美濃市については、既に序章第二節の「まれにみる三市の合併問題」で簡単に触れたが、もう少し補足するとこうである。関市と美濃市を含む中濃地域二市五町村で構成する「中濃地域市町村合併検討協議会」で合併問題を検討してきたが、合併の方式と新市名に関し、とりわけ関市と美濃市とで対立してきた。二〇〇三年二月二七日の協議会で、美濃市はそれまで主張してきた「合併方式は新設合併」「新市名は美濃の名前を尊重」のうちいずれか一つを譲歩するので、関市にも譲歩を促したものの、聞き入れられなかった。そこで美濃市長は、「『市民が合併してもよいという条件が整う（関市がいずれかを譲歩する）までは法定協議会への参加は控えたい』と述べ、法定協議会への参加を見送ることを表明し」[5]たのであった。まさに苦渋の選択として、自立の道を歩むことになった。なお武芸川町は、関市との合併か岐阜市との合併かで町内が二分されていたため、関市と武儀郡四町村が設置した「関市・武儀郡町村合併協議会」に当初は加わらなかった。

大野町は、揖斐郡二町五村で構成する「揖斐ふれあい町村合併協議会」で合併協議をしてきたが、大野町と他の一町五村とでは、「新市の事務所の位置」「新庁舎の建設」「議員定数等」で意見の相違

図表1　法定合併協議会の都道府県別設置率（高い順）

順位	都道府県名	設置率（%）
1	長　崎	94.9
2	岐　阜	94.8
3	愛　媛	94.2
4	大　分	91.4
5	山　口	88.7

2004年1月1日時点である。
総務省合併推進課調べによる。
（出所）『朝日新聞』2004年4月15日。

が見られた。これらのうち、新市の事務所の位置以外は、合併の基本理念と深くかかわる。大野町が新庁舎は建設しない、議員定数等も一町五村の主張より少ない定数を主張したのも、「無駄をなくし、効率のある行財政運営により行政コストを下げ、また地域の活性化を行うことにより自主財源を確保し、今までの住民サービスを低下させ[6]」ないことを、合併の基本理念と考えてきたからであった。こうして大野町は二〇〇四年二月二〇日の臨時町議会で、協議会からの脱退を議決し、三月一日をもって正式に協議会から離脱した。

以上のような動きは、例外的なものにすぎなかった。このために、平成の大合併で九九市町村が二〇前後になることが、それほど疑うことなく信じられたのであった。この二〇前後という数字は、岐阜県の『市町村合併支援要綱』[7]策定の指針となった岐阜県市町村広域行政検討委員会による『市町村合併に関する調査研究報告書～二一世紀の市町村のあり方について～』が、「将来的には一八市以下が望ましい[8]」とした数字に近い。それが実現するかのように、県下の合併の流れは大きかった。

さて、県下のこうした状況を他の都道府県と比較したものが、**図表1**の法定合併協議会の都道府県別設置率（高い順）である。これは二〇〇四年一月一日現在のものであるが、それによると岐阜県は長崎県に次ぐ全国第二位の九四・八％であった。[9]なお全国平均は六二・六％であり、岐阜県はまさに全国有数の合併推進県であった。しかもこの数字は、山県市のほかに瑞穂市（穂積町と巣南町が合併）の二市が誕生した後のものである。もしこれらの新市がまだ誕生していなかったとすれば、設置率は九七・〇％とはね上がる。

法定協議会で合併協議が進められても、もちろんすべてが順調に行くとは限らない。しかし当時、本当に県下の多くの市町村が合併協議に乗り出していた。私には、それは異様な光景のように見えた。

県に醸成された強い危機感

岐阜県ではどうしてこのように合併協議が盛んに行われているのか住民説明会で質問したところ、「具体的に分析はしていないが、一般的に財政基盤が大きな要因と考える。岐阜県と他の都道府県を比較した場合、岐阜県では全体的に財政が厳しい市町村が多いというのが合併協議が盛んな理由の一つではないかと思う」[10]という回答が返ってきた。また県庁で聞いても、「市町村の危機感が強かったのではないか」[11]と言う。

合併前の数字であるが、市町村の平均人口や平均面積で全国的にみると、次のように岐阜県の市町村は小規模である。全国の市町村別平均人口が三六、五九一人に対し、岐阜県のそれは二一、三〇五人で、全国三六位である。全国の市町村別平均面積が一一七平方キロメートルであるのに対し、岐阜県のそれは一〇七平方キロメートルである。(12) かくして、小規模自治体↓財政基盤脆弱↓存続への危機感↓合併協議というのであろう。

確かに財政力の強い自治体と弱い自治体を比較して、後者の方が合併協議に走る度合いが高いということが一般的抽象的に言えるとしても、このことからストレートに具体的な合併動向を説明することには無理がある。全国的に見れば、小規模自治体でも合併でなく単独で行く決意をしている自治体はいくつもあるし、東濃西部三市一町のように、むしろ財政支援を求めての合併協議も多く見られるからである。

なぜ岐阜県ではこんなに合併旋風が吹き荒れたのか、私は次のように思う。

県下の市町村が小規模自治体であったことは、確かに活発な合併協議を生み出す背景として無視はできない。しかしそのさい、県の合併への取り組みによって市町村合併の動向が大きく左右されることを想起すれば、やはり県の取り組みいかんが問題である。そしてまた、県の合併への取り組みにかかわらず、我が道を行く自治体が存在したのかどうかが重要な観点である。以下、この点から少し見てみたい。

国の指針に基づき、市町村合併を促進するために合併パターンを提示した岐阜県の『市町村合併支援要綱』では、「市町村合併は、住民・市町村が自主的な検討と判断によって決定するものである」[13]ことが強調されている。

県議会においても、県当局は市町村合併は市町村がみずから住民の意向を踏まえて、自主的・主体的に取り組むべきものであることを、終始一貫して答弁している。[14]そして県の支援策に関しては、合併に関する各種情報提供のほかは、法定合併協議会への財政的・人的支援、合併後のまちづくりに対する支援など、合併が具体化したところに対して行うというのである。

県の合併への取り組みが、以上の通りであれば問題がない。しかし本当にそうであったのか。

合併しない市町村に対しても支援を求めた県議会での質問の中に、次のような発言がある。「岐阜県では美濃市、武芸川町、白川村以外はすべて合併法定協議会に参加し、全国でも一、二を争う市町村合併推進県となっています。今議会でも知事は、『合併は市町村みずからがお決めになること。強制すべきでない』と答弁していますが、合併に携わった人ならこうした答弁を心の底から信じる人は私は少ないのではないかと思います」[15]。

この点に関し、県議会で取り上げられたことを若干紹介したい。

二〇〇一年三月の県議会で、まず次のような質疑応答が交わされた。

「県は地域振興局長を通じ、市町村に対し、今後の人口減少、財政危機など、将来への不安を強調して、『流れには逆らえない。先取りする取り組みには積極的に支援する』と合併を強要していると聞きますが、地方分権の中であってはならないと考えます。地域計画局長にお伺いします[16]」という質問に対する地域計画局長の答弁は、「市町村合併は住民の皆様や市町村が自主的に取り組むべきものでございます。住民や市町村の自主的な取り組みにより合併が具体化したところに対しまして、県として御支援する考えでございます。市町村合併を強要するものではございません。なお、合併する場合のメリット・デメリットとともに、合併しない場合に想定されるデメリットにつきましても情報提供してまいりたいと考えています[17]」というものであった。「合併しない場合に想定されるデメリット」とは何か、ここでは触れていない。

この質問は直接には地域計画局長へのものであるが、知事もこれについて触れており、その中で「現状を見ておりますと、あるいは将来を洞察いたしますと、福祉とか、教育とか、広域行政がどうしても必要だという分野がございます。そして、将来的には人口がどんどん減ってまいります。自治体としての自立が困難なところも出てまいります。あるいは行政の合理化とか、そういう要請も、当然税収が大きく期待できない以上、要請されるわけでございまして、そういった情勢全体を考えますと、合併という方向に行かざるを得ないのではないかと、こんなふうに一般的には考えます。ただし、具体的にどことどこがくっつくべきだとか、そういうようなことは一切県としては関与いたしません[18]」と言う。

ここではこのように、危機感をあおりたてて合併へ誘導することが「合併を強要」することになるという質問者に対し、県当局はどこそこのまちと合併しなさいという形で直接関与しない限り、合併が避けられないことを市町村にいかに強調しても、それは「合併を強要」することにはあたらないとして、両者の議論は平行線をたどっている。

同じく二〇〇一年一〇月の議会では、「各地域振興局は、局長が陣頭指揮で学習会と名づける合併推進会議を開いてい」[19]るが、六月一三日に安八郡神戸町中央公民館で行われた議員・職員合同勉強会で配布されたレジュメを取り上げて、「県は都合のよい数字を使って市町村合併を進めようとしてい」[20]ることが問題となっている。つまり、ダムが必要だという時には人口が増えるという資料を使いながら、合併を問題とするこのレジュメでは、人口が減るという資料を使っているというのである。

これは人口推計に関わることであるが、地方交付税の動向についても取り上げられた。

「前の岐阜県飛騨地域振興局長―知事代理―は、在職中に飛騨の各地域で『国は将来、交付税を三分の一にすると言っている。そうなったら合併するしかない』と講演して回」[21]った。また、飛騨地域振興局が二〇〇二年三月六日に開催した圏域内市町村助役・総務担当課長会議において配布した、「合併すれば交付税は減らないが、合併しなければ交付税がどんどん減ると思い込ませるためにつくられた」[22]「地方交付税の将来動向図―イメージ図」が、問題となっている。

さて次は、知事の言動が問題となったケースである。

益田郡五町村（萩原町、小坂町、下呂町、金山町、馬瀬村）の合併案が、二〇〇三年七月二四日の

三町村議会では可決されたが、萩原、小坂両町議会では否決された[23]。そして、萩原町では九月八日に再提案され、今度は可決されるに至った。小坂町では町長が責任を取って辞任したが、無投票で返り咲き、町議会は九月二二日に再提案の合併案を可決するに至った。このように、わずか二ヶ月程で二つの町議会は、反対多数から賛成多数へと逆転したのであった。

二〇〇三年一〇月の県議会では、この背景に知事の発言があったとして、次のような一般質問が行われた。「なぜこんな混迷が生まれたのか。益田郡では、二転三転した裏に、岐阜県、とりわけ梶原知事の発言があったからではないかと言われています。九月九日、益田郡小坂町の町長選挙の出陣式で、応援に来た見廣元一郎馬瀬村長が、『先週の二十九日でございますが、岐阜県知事さんが益田郡にお見えになる機会がございました。その中でもはっきりと申されておりますのは、国際保養地構想の諸事業ですが、一丸とならなかったら事業から手を引くこともやむを得んだろうな、そういうこともはっきりと申されておるわけでございます』と、こういう応援演説を行いました。また、金山町議会における九月議会の日本共産党の中島新吾町議の質問に対し、田口幸雄同町町長は、八月二十九日、萩原の四美で行われた知事と益田郡五町長との座談会の場で、知事が、『五町村は合併する気があるのかないのか』『ばらばらでは援助しにくい』ということを言われたと答弁しています。知事は、県議会では常に『合併は市町村が決めること』と答弁しています。しかし、その答弁は表向きのことであって、益田郡の事例を見ると、実際には国の合併推進のやり方、あめとむちと同じことを県下でもやっていることが判明したことになります。地方自治の観点からも、こんなやり方は即刻やめるべきであります。知事の答弁を求めます(24)」。

これに対する知事の答弁は、「南飛騨の問題について御指摘でございますが、この南飛騨の健康保養地事業ですね、少なくとも地元の益田郡の町村が足並みをそろえてもらわないとうまくいかないのは当たり前なんです。ぐらぐらしたと。ぐらぐらしたら困るのはこっちなんですわ。ぐらぐらさせたのは、そんなこと私どもやるはずないんですよ。ぐらぐらしたら困るのはこっちなんです。そのことを御理解いただきたい(25)」というものであった。知事が合併に向けてムチを打ったのを自ら認めたのかどうか何ともわかりにくいが、これが知事の答弁である。

このように見てくると、合併は市町村が自主的・主体的に検討し、決定するものと言いつつも、県は県下の合併に向けてかなり積極的に取り組んできたことは否定できない。とりわけ、各地の地域振興局が中心となって、確かにどことどこと合併すべきという直接的な関与はしなかったにせよ、合併は避けられないという形で、圏域内の市町村に合併を働きかけてきたように思われる。

したがって、県下の多くの市町村が強い危機感を持ち、合併協議を進めたのは、単に小規模自治体ということにあるのではない。むしろその強い危機感は、「岐阜県のなりふり構わないやり方(26)」かどうかはともかく、県からの強い働きかけによって醸成されたことを看過すべきではなかろう。

そうした中にあって、合併せずに行くことを選択したまちが白川村だけにとどまった。それは、それだけ県からの働きかけが強かったためなのか、それともユニークなまちづくりを進める自治体が少なかったことによるのか、私にとって残された課題である。

流れが変わった原点

図表2は、『朝日新聞』の「この一年」から、合併に関連した記事（ただし首長選挙を除く）を抜粋して、二〇〇四年の県内の合併動向を見たものである。

それによれば、新市が相次ぎ誕生する一方で、合併協議会からの離脱や解散も相次いでいる。すなわち、合併協議が終了した地域では、飛騨市、本巣市、郡上市、下呂市、新「恵那」市、新「各務原」市が生まれている。しかしながらまだ合併協議中の地域では、一月二五日の東濃西部三市一町の破談を皮切りに、離脱や解散が目につく。合併協議が不調で解散に追い込まれたり、離脱するケースも見られるが、とりわけ住民投票や意向調査の結果を受けて、離脱や合併が白紙に戻ったケースが多い。

このため、「東濃西部の合併破談以後、県内各地の合併協議では住民意向調査などで合併に否定的な民意が示され、破談になる例が目立つ。その流れの原点になったという気もしている」[27]と、朝日新聞の記者は一年を振り返っている。

こうした流れの変化が、どうして生じたのか。それと東濃西部三市一町の合併破談が関係あるのか。

図表2　県内の合併動向（2004年）

●1月

25日　東濃西部の4市町で合併の是非を問う住民意向調査が行われる。3市で「反対」が多数を占め、合併は白紙に。

●2月

1日　古川町、神岡町、河合村、宮川村が合併して飛騨市が誕生。本巣町、真正町、糸貫町、根尾村も合併して本巣市が誕生。

22日　長野県山口村で中津川市との合併を問う村民意向調査。「賛成」が多数を占める。

●3月

1日　郡上郡7町村（八幡町、大和町、白鳥町、高鷲村、美並村、明宝村、和良村）が合併して郡上市が誕生。益田郡5町村（萩原町、小坂町、下呂町、金山町、馬瀬村）も合併で下呂市に。

11日　可児市の山田豊市長が御嵩、兼山両町との合併を白紙に戻すと表明。月末に合併協議会は解散。

●4月

18日　岐阜市など1市4町との合併の是非を問う羽島市の住民投票で、「合併反対」が「賛成」を上回る。

●5月

31日　海津郡3町の合併で新市名を「ひらなみ市」から「海津市」に変更。

●6月

6日　岐阜市などとの合併の是非を問う住民投票が笠松町で行われ、「反対」が「賛成」を上回る。笠松町は合併協議会から離脱。

●8月

1日　北方町で、岐阜市などとの合併の是非を問う住民投票があり、「反対」が「賛成」を上回る。北方町は合併協議会から離脱。

8日　養老町で、大垣市など計10市町による合併の是非を問う住民意向調査があり、「賛成」が「反対」を上回る。

12日　安八町の小川徳喜町長が西濃圏域合併協議会からの離脱を表明。

●10月

25日　恵那市と恵那郡南部5町村（岩村町、山岡町、明智町、上矢作町、串原村）が合併し、新「恵那市」が誕生。

31日　大垣市など西濃圏域の合併で、関ヶ原、神戸、垂井の3町で住民意向調査があり、3町とも「合併反対」が「賛成」を上回る。3町のほか、池田町も相次いで合併協議会から離脱。吉田儀一・関ヶ原町長は引責辞職。

●11月

1日　各務原市が川島町を編入合併し、新しい各務原市が誕生。

28日　加茂郡7町村の編入合併を巡り、美濃加茂市で住民意向調査。合併反対が多数を占め、合併は破談に。

●12月

20日　中津川市と長野県山口村の越県合併で、長野県の田中康夫知事が12月県議会で合併関連議案を提出しない考えを表明。関連議案は議員提出により22日に可決。

なお、10月31日の記事の中で、養老町も離脱をしたと書いてあるが、これは間違いのため削除した。
（出所）『朝日新聞』2004年12月28日、29日、30日。

東濃西部三市一町の破談後に解散や大幅な縮小に追い込まれた四つのケースを取り上げて、考えてみたい。

第二節　相次ぐ離脱や解散

1　可児市郡合併協議会の解散

可児市郡の一市二町（可児市、御嵩町、兼山町）は、県下でトップ水準の財政力を誇る可児市（**図表3**を参照）があるうえに、**図表4**のような地理的環境から、二回に及ぶ合併構想に翻弄された。

その一つは、多治見市住民の「市町村合併を考える会」の発議による四市三町（可児市郡の一市二町に加え、多治見市、瑞浪市、土岐市、笠原町）の合併構想である。これは中核市を目指したものであるが、多治見市長の照会に対し、土岐市長と御嵩町長が議会に付議すると回答したにとどまり、この合併構想はお流れとなった。

次に登場したのが、加茂地域二市九町村（可児市郡の一市二町に加え、美濃加茂市、坂祝町、富加町、川辺町、七宗町、八百津町、白川町、東白川村）の合併構想である。これは、可児・加茂両郡の

図表3　可児市郡の現況

	可児市	御嵩町	兼山町	合計
2000年国調人口	91,651	19,653	1,811	113,116
面　積（km^2）	85.0	56.6	2.6	144.2
2002年度財政力指数	0.921	0.563	0.195	—

図表4　圏域図

九町村長が可児市長と美濃加茂市長に合併協議を申し入れて浮上したのであるが、両市があまり乗り気ではなかったので合併協議は打ち切られた。

こうした流れを受けて、可児市郡の合併協議が始められたのであった。前の二つの合併構想が、単なる構想や研究会にとどまって、具体的な合併協議が行われなかったのに対し、今回の合併協議は**図表5**のような経過をたどった。任意の協議会から法定協議会の設置まで至ったのに、なぜ解散したのか簡単に見てみたい。

「合併の方式」は可児市への編入合併、「新市の名称」は可児市、「事務所の位置」は現在の可児市庁舎とするなどの「基本的協定項目」と、「議員の定数・任期の取

図表5　可児市郡合併協議の歩み

☆　2002年10月24日

　　御嵩町長、兼山町長が可児市長に「可児市郡合併協議について」申し入れ

☆　2002年12月19日

　　「可児市郡合併検討協議会」設置

☆　2003年4月1日

　　「可児市郡合併協議会」設置

☆　2004年3月15日

　　「正副会長および各市町議会議長を含めた6者の会議」で、「いつまでも進展がないので、この協議会を解散したい」旨の可児市側の発言

☆　2004年3月23日

　　第10回可児市郡合併協議会　解散を承認

☆　2004年3月31日

　　可児市郡合併協議会解散

可児市『可児市郡合併協議　市民報告会』と御嵩町広報『ほっと　みたけ』No.439、2004年5月より作成。


扱い」や「地方税の取扱い」などの「合併特例法による協定項目」は、すべて合意をみた。しかし、「すり合わせが必要な協定項目」三四項目のうち、「財産の取扱い」「ごみ収集・リサイクル・その他の環境施策事業について」「商工・観光関係事業について」ならびに「水道事業について」の四つの協定項目で、合意をみなかった。

　これらのポイントだけを記せばこうである[28]。

　財産に関しては、昭和の大合併の時に財産区を設置せずに町有林とした御嵩町が、すべての財産を新市に引き継ぐことに難色を示した。環境施策については、産業廃棄物の処分場問題と取り組んできた御嵩町は環境保護の独自施策を展開してきたが、環

境オンブズパーソン、環境マイスターなどの廃止に反対し、その存続を求めた。御嵩町内にある「グリーンテクノみたけ」の未分譲地の取扱いについて、早期の解決を求める可児市に対し、御嵩町はもう少しの猶予を求めたのが、商工・観光関係事業についてである。最後の水道事業については、水道料金の高い御嵩町は合併後すみやかに料金を統一することと、無水道地区に水道をつくる計画を新市建設計画に盛り込むことを求めたが、認められなかった。

このように調整がつかなかったので、合併協議会は解散に追い込まれたというのである。

しかし「それは一つのきっかけであって」、「ほぼ全般を通じて非常に難しいなという感じ」を持っていたことを、その当事者である柳川喜郎御嵩町長は議会の答弁で次のように言う。「形の上では、今回、新聞報道では町有林だとか、それから水道の問題だとか、あるいは産廃問題ということが障害になって、可児市と御嵩町の間で話し合いがつかずに、そして終わりになったという報道がしきりに行われておりますけれども、先ほど私が申した認識から申しますと、それは一つのきっかけであって、途中でいけるかなと私も思ったこともあるんですが、ほぼ全般を通じて非常に難しいなという感じは思っておりました。それは先ほど言った理由からであります」[29]。この「先ほど言った理由」とは、「私が得ている認識、情報では、可児市さんには、相手はともかく、合併する御意思が積極的にはない」[30]ことである。

可児市はなぜ合併に積極的ではなかったのか。このことが、まちの広報『ほっと　みたけ』に寄せた町長の「合併話のてん末手記」にわかりやすく書かれているので、ここで紹介したい。

「いま、ふり返ってみますと、こんどの合併話は形の上では合意できなかった項目で暗礁に乗り上げて打ち切りになったかっこうですが、もともと難しい合併話だったのかもしれません。

それは可児市側には合併しなければならない必然性も、必要性もなかったということです。

可児市は最初に浮上した東濃四市三町合併案にも、可茂二市九町村合併案にも賛成してきませんでした。

可児市郡の合併話が始まってからも、公式、非公式の話し合いを問わず、可児市側の積極的な姿勢は感じられませんでした。

それはそうだと思います。可児市は岐阜県内で最高の財政力指数があり（市町村別財政力指数一覧と財政力指数のミニ解説が掲載されているが省略した——引用者注）、合併しなくても遠い将来はともかく、財政力に困ることはありません。

可児市は急膨張してきた市だけに、市民の間には『合併なんか考えるより市内の整備をやるべきだ。たとえばスポーツ施設の整備などを急ぐべきだ』といった意見が強いそうです。

可児市は収入も多いけれど、支出の必要も多い、というのは理解できます。ですから合併にそう乗り気でないのもよく分かります」[31]。

柳川御嵩町長は、以上のように可児市郡の合併が白紙に戻った原因として、協定項目で合意を見なかったことよりも、むしろ財政力のある可児市にはそもそも合併の必要性がなく、合併に積極的でなかったことに求めるのである。

それでは、柳川御嵩町長はどういう姿勢で合併問題と取り組んできたのか。

「最近、日本全国どこでもそうですけれども、合併するべきだというふうに言わないと、何だか非国民だとか、あるいはバスに乗りおくれるだとか、そんな感じが随分強いなと、私の実感として、ほかの人は知りませんよ、私はそういう感じを持っております[32]」と、合併ありきの風潮をこのようにとらえている。そしてまた、「『合併しないと、やっていけない』という声をよく耳にしますが、これは正確にいうと、『これまで通りにはやっていけない』ということで、さらにいえば、合併しても、合併しなくても、これまで通りにはいかないと思います[33]」とも、述べている。実に的確なとらえ方である。

私にとって大変印象的な町長の発言や文章をまず最初に持ってきたが、町長の合併に関するスタンスは、「繰り返し繰り返し、重ね重ね申し上げてきましたけれども、良い合併、少なくとも悪くない合併だったら、した方がいいと思いますね。悪い合併だったら、しない方が私はいいと思います。いいか悪いかということは、住民にとって、御嵩町にとっていいか悪いかということで、特定の人間にとっていいとか悪いとかいうことではございません」(34)ということにつきる。

このために、合併協議に入ること自体に関しては、非常に柔軟である。協議をしてみなければ、それがよい合併か、そうでないのか解らないからである。多治見市民の発議による四市三町の合併問題に関し、議会に付議すると多治見市長に回答したのも、そしてまた二市九町村の合併構想に乗ったのもそのためと思われる。

その代わり、合併協議を進めても決して合併ありきではない。合併せずにやっていけることを当初から持っていたのかという議会での質問に対する町長の答弁は、「初めからでありますす。選択肢というのは、当然できるだけ多くの選択肢を持っていて、そしてそれを比較対照しながらベストの道を選ぶというのは、日常、人間も動物もやっていることであります。当然のことながら、初めから合併しないという思いがあったとは言いませんけれども、選択肢の一つとしては、大小は別として、初めからありました。当然のことながら、一つの町の首長として一種の危機管理というのがございますけれども、合併だけにかけてすべてをそれにかけていくと、もしかそれがだめになった場合に立ち往生してしまうと。それは非常にまずい、危機管理の点からもまずいと思います。もちろん合併しない、しなくてもやっていけるかどうかという選択は当初から検討はしておりました。ただ、先ほどから言ったように、合併いけるんじゃないかと思った時期が確かに、私も相当認識も動きましたから、いけるんじゃないかと思った時期もございましたけれども、完全に一本でいけるという選択肢が消えたという時期はございません[35]」というのであった。

私は可児市が二〇〇四年四月二五日に開催した「可児市郡合併協議　市民報告会」に参加したが、そこで可児市議会議長が「御嵩町の合併への意欲の低さ」が、合併協議が不調に終わった一つの理由であるとあいさつしたのを記憶している。それも、こうした姿勢が反映しているのであろう。

このように見てくると、兼山町はともかく、可児市はむろんのこと御嵩町も万難を排して合併を実現するという姿勢を欠いていたと言わざるをえない。このために、協定項目に関する意見の不一致を乗り越えることができなかった。

なお可児市郡合併協議会解散後、兼山町から可児市に対して合併協議の申し入れ[36]があり、それを受けて二〇〇四年六月二一日に可児市・兼山町合併協議会が設置された。協議は順調に進み、平成の大合併では東海地方では初めての「飛び地合併」となったが、二〇〇五年五月一日に新「可児市」の誕生をみた。

2　岐阜広域合併協議会の岐阜市・柳津町合併協議会への規約変更

二〇〇二年二月二四日の市長選挙で初当選した細江茂光岐阜市長は、その選挙公約に「政令指定都市を目指した周辺地域との連携」を掲げていた。それは、「今後の日本において、超少子・高齢社会、日本経済の成熟性などから、これまでのような右肩上がりの経済を期待することは困難であり、国、地方ともに、より一層厳しい状況が予想されております。このような時代を乗り越え、市民の皆様が安心して生活できるまち、厳しい都市間競争に打ち勝っていけるまち、自己決定、自己責任のまちを目指すことが必要と考え[37]」たからであると言う。

細江市長は就任後近隣市町を自ら訪問し、積極的に合併協議を働きかけた。こうして実現したのが、二市四町（**図表6**参照）からなる岐阜広域合併協議会である。したがって、この合併協議は政令指定都市を目ざすことをうたい文句としている。

とはいえ二市四町だけでは、**図表7**のように五四万人にとどまる。これは地方自治法で規定されている「政令で指定する人口五〇万以上の市」はクリアするものの、これまで指定されてきた「人口八〇万以上で将来的に人口一〇〇万程度が期待できる都市」という要件からはほど遠い。この指定要件の目安が、国の「市町村合併支援プラン」によって人口七〇万程度に引き下げられても、まだまだ届かない。それでも、「新市は人口五四万の中核市として行財政能力の向上に努めながら、合併後も政令指定都市を目指してまいります[38]」というのである。したがって、政令指定都市を目指すと言っても、それは将来の目標であり、今回の合併はそれに至る第一歩にすぎない。

しかもその「目指す政令指定都市は、現在の政令指定都市とは異なり、地域の特性を生かしたまちが集まり、全体の課題については多くの権限を活かした広い地域で、住民に身近な問題は各地域が歴

図表６　圏域図

図表７　岐阜広域の現況

	岐阜市	羽島市	柳津町	笠松町	北方町	岐南町	合　計
2000年国調人口	402,751	64,713	12,334	22,319	17,250	22,137	541,504
面積（km^2）	195.1	53.6	7.8	10.4	5.2	7.9	280.0
財政力指数	0.804	0.690	0.878	0.667	0.671	0.878	—

財政力指数は2001年度から2003年度の３年間の平均値。

史や文化に根ざしたコミュニティを大切にしながら解決していく、地域連合による分権型都市をイメージし[39]」たものである。

事実、新市建設計画案では、編入される旧市町単位に行政区的なタイプの地域自治組織が設置される。現在の市町舎は分庁舎となり、（仮称）地域振興事務所が置かれる。そこでは、分庁舎の長の下で住民生活にかかわる事務のほか、「地域文化、地域コミュニティなどの地域個性を発展させるための事務（地域振興事業）」も処理される。また住民自治を推進するため「合併特例法に定める地域審議会の機能を含んだ（仮称）地域協議会」が設置される。新市の長及び分庁舎の長は、地域協議会の意見を尊重して事務を進めなければならないし、地域協議会はこれらの長の諮問に応じて審議し、意見を述べることができる[40]。

以上の政令指定都市と都市内分権が目玉である岐阜広域合併協議会の合併協議の歩みを示したものが、**図表8**である。それから明らかなように、二市四町の合併協議から一市三町が離脱し、残った岐阜市と柳津町で合併協議をするに至った。それに伴なって、合併協議会の名称も規約変更された。なぜこのようなことになったのか。

離脱した一市三町のうち、羽島市、笠松町及び北方町の一市二町は、**図表9**のような住民投票の結果により、岐阜広域合併協議会から脱退した。これに対し岐南町は、議会が「岐阜広域合併協議会からの離脱を求める請願」を採択したことや、羽島市に続く笠松町でも住民投票の結果反対が賛成を上

図表8　岐阜広域合併協議の歩み

☆　2002年8月29日

岐阜市、羽島市、柳津町及び武芸川町の職員により構成された「政令指定都市及び広域合併研究会」設置

☆　2002年12月28日

「岐阜市・羽島市・柳津町・武芸川町合併検討協議会」設置

☆　2003年2月14日

笠松町が加入

☆　2003年2月26日

北方町、岐南町が加入

☆　2003年4月1日

岐阜市、羽島市、柳津町、笠松町、北方町で構成された「岐阜広域合併協議会」設置

☆　2003年6月24日

岐南町が加入

☆　2004年6月30日

住民投票の結果などを受けて羽島市、笠松町、岐南町が岐阜広域合併協議会から脱退

☆　2004年8月31日

北方町が脱退

☆　2004年9月1日

協議会の名称を「岐阜市・柳津町合併協議会」に変更

『岐阜市・柳津町合併協議会だより』第16号、2004年12月24日、2頁より作成。

図表9　3市町の住民投票の結果

	羽島市	笠松町	北方町
実施日	2004年4月18日	2004年6月6日	2004年8月1日
投票率	62.02%	57.13%	55.70%
賛　成	13,867（42.8）	3,355（34.3）	3,605（47.5）
反　対	18,010（55.6）	6,318（64.6）	3,956（52.1）
無　効	499（1.5）	111（1.1）	31（0.4）

回ったという状況の変化を踏まえて、離脱したのであった。

岐阜広域では最初に住民投票の結果離脱することになったばかりでなく、政令市実現の上で人口や新幹線駅などの社会基盤の点できわめて重要な羽島市を取り上げると、次のようである。

羽島市が今なぜ合併が必要なのかについて指摘していることは、「分権型の社会における街づくり」「少子高齢化への対応」「日常社会生活圏の拡大」ならびに「厳しい財政状況への対応」といった、きわめてありふれたことである。特記すべきことをあえて求めるとすれば、「これまで羽島市は、新幹線駅やインターチェンジといった広域的な交通拠点施設を有しながら、周辺自治体との街づくりのコンセプトや事業優先度の相違等により、岐阜地域一体としてのこれらの施設の有効な活用方策を見出すことが困難でした。しかし、合併により新たな市（県都）の名実ともに玄関口と位置づけられることにより、明確な都市イメージに基づいた計画的な整備が可能となり、開発にも弾みがつくと考えられます[41]」ということが、「分権型社会における街づくり」の中で述べてあることぐらいである。

住民投票は合併協議の大詰の段階で行われたのであるが、羽島市の財政状況のほかに、岐阜市の大型プロジェクトや産業廃棄物の不法投棄など岐阜市の直面する問題が大きな争点となった。投票の結果は、反対が賛成を四、〇〇〇票ほど上回った。政令指定都市や都市内分権をもってしても、市民の支持が得られなかった。

市長は、「これまで進めてまいりました合併協議会におきまして、その都度市広報紙、あるいは協議会だより、市のホームページ等を通じ、市民の皆さん方にその協議内容等情報提供に努めてまいったところでございます。また、市の主催による説明会、出前講座、協議会主催の説明会におきましても、合併の必要性、合併後の新市の姿等について説明をしてまいりました。しかし、こうした諸活動が、市民の皆さんに広く浸透していたのかどうか。結果として、大変私としては、残念な結果になったと思っております」[42]と述べて、敗北の原因を合併の必要性が市民の中に浸透しなかったことに求めている。そして浸透しなかったことを、自分の力不足として市民にわびているのであるが、後で触れるようにそういう問題ではないと思う。

企画部長が「私なりに事務担当としてその原因を考えてみ」たこととして列挙していることは、岐阜市の産業廃棄物の不法投棄問題、羽島市の名前が消えることや岐阜市への編入合併といった新市の名前や合併方式への抵抗感、公共料金決定の先送りへの不安である[43]。

私が注目したいのは、二〇〇四年六月一四日の岐阜市議会における次のような代表質問である。

「離脱の市町の理由にはいろいろな事柄や思惑があるとは思われます。合併五原則、対等合併といいながら、言葉の端に四〇万都市のおごりはなかったのでしょうか。近隣市町に対し積極的に岐阜市の思いを伝える働きかけを行われたのでしょうか。二市四町の首長さん同士が強い信念のもとでがっちり手を取り合って力強く合併を進めていく信頼関係を築いてこられたのでしょうか。

また、新聞紙上によると、議員のエゴや産廃問題も原因の一つであったかとは思いますが、私が思うに、原因の一つに、近隣の市町の住民の皆さんの合併に対する意識が盛り上がっていなかったのではないかと思われます。そして、政令指定都市構想に対する夢や希望の光が見えてこなかったのが現実ではないでしょうか。

岐阜市長が本気で政令指定都市を目指していくつもりであれば、もっと中心市の市長として合併協議会において協議された内容を大々的にマスコミ等にアピールし、合併協議会に参加している市民、町民の皆様に夢と希望を持たせるべきであり、市長としての強い姿勢、アピールが足りなかったからこそ、近隣市町の方々の合併に対する機運の盛り上がりがなかったかと思われますが、市長はどのようにお考えでしょうか(44)」。

この発言の中に「近隣の市町の住民の皆さんの合併に対する意識が盛り上がっていなかった」、という指摘がある。この質問者は、岐阜市長の合併のアピール不足がそうした事態をもたらしていることを市長に問いただしているのであるが、そうした質問の趣旨ではなく、羽島市も笠松町の住民も岐阜市と合併したいという意識をあまり持っていなかったという事実が重要である。こうした現実だったからこそ、羽島市長がいかに努力しても、その思いがなかなか住民の中に浸透しなかったのではないか。そしてまた岐阜市長が合併協議の内容をいかにアピールしたとしても、事態はそれほど大きな変化を見なかったにちがいない。

私は、このようにとらえるべきだと思う。岐阜市に魅力がないことや、産業廃棄物の不法投棄問題[45]も無視はできないかもしれないが、財政的には何とかやっていけると考えて、多くの住民がそもそも合併したいと思っていなかったのであろう。[46]

さて羽島市の住民投票で、政令指定都市の破綻は明らかとなった。笠松町の住民投票が、さらに追い討ちをかけた。「私は二市三町という政令指定都市を目指すというところに対しての合併参加をしたんであって、岐南町と岐阜市との合併を目指したわけではない」[47]という、岐南町長の答弁が続いた。北方町も住民投票の結果離脱し、岐阜市との合併協議に踏みとどまったのは残すところ柳津町だけとなった。

なぜ柳津町は、岐阜市との合併協議を継続したのか。

柳津町は今なぜ合併なのかについて、「今、抱えている大きな行政課題を解決する有力な手段です」という四つの柱のうちの一つで、次のように述べている。「周辺市町との組合で処理してきたゴミ処理施設の使用期限が平成二二年度末までとなっており、その後の対策が大きな課題となっています。合併する場合は、岐阜市の施設で処理できますが、そうでない場合は、移転先と膨大な事業費の確保という難題に早急に取り組む必要があります。柳津町ではこのゴミ処理問題をはじめ教育問題（一貫した小・中学校の教育）、介護保険や国民健康保険、災害対策など、小規模の自治体では対応が極めて困難な数々の課題を抱えています」[48]。

なぜ合併なのか、大変わかりやすく説明してあるが、ここで指摘されていることで、柳津町特有の問題として考えられるのは教育問題である[49]。そして柳津町では「岐阜市への合併について住民投票実施のための請願」が不採択となったのであるが、もし住民投票が実現していたら、事態はまた変わっていたかもしれない。

それはともかく、岐阜市と柳津町の合併協議は進み、二〇〇六年一月に新「岐阜市」が誕生した。

3　西濃圏域合併協議会の解散

西濃では、「西濃はひとつ、青年のこころはひとつ」の理念のもとに活動してきた「西濃青年のつどい協議会」[50]が、「西濃市」構想を早くから打ち出していた。

西濃一市一九町が合併して西濃市が誕生すれば、面積は一、四三三平方キロメートルで全国第一位（当時）、人口は約四〇万人で岐阜市に匹敵、岐阜県を代表する都市になる。そして、住民サービスの向上、地方分権への対応、行政の効率化などいわゆる合併のメリットを中心に、合併に伴う心配や課題なども掲載したパンフを作成して、西濃全域の一一万六、〇〇〇世帯に配布した。また、住民と一緒に合併問題について考える勉強会などを各地域で開催して、活発に問題提起を行ったのであった。

この西濃市構想を継承したのは大垣市であるが、二〇〇三年二月一三日に設置された西濃圏域合併協議会の母体となった西濃圏域合併研究会は、それとはほど遠いものとなった。それというのも、海津郡（三町）と揖斐郡（八町村）の町村がそれぞれ郡内合併を検討していたため、これらのうちからは池田町が参加したにとどまったからである。このために、西濃圏域合併協議会は一市九町（**図表10**と**図表11**を参照）で合併協議を進めることになった。

新市まちづくり計画の将来像は、「水と緑の文化・産業・情報・交流都市」である。そしてその重点プロジェクトが、「子育て日本一の中核都市」である。

大変ユニークな重点プロジェクトである子育て日本一の中核都市を、なぜ目指すことになったのか。「西濃圏域三万人を対象にした住民アンケート調査や住民ワークショップのなかで、新市に対する多くの要望や意見が寄せられました。その検討を重ねるなかで、新市を長期にわたり発展させていくためには、人づくりを進めていく必要があるという意見にまとめられました。なかでも、とりわけ子育て、教育の充実が重要であるとの意見や、少子高齢化が進展し、生産年齢人口の減少による地域産業の衰退、税収の減少などが予測されるなか、地域産業の振興、雇用の拡大を図る上からも、人づくり、教育に重点を置き、『子育て日本一の中核都市』をめざすこととしました」[51]と言う。

そしてそのプロジェクトの主要事業として、満五才児の幼稚園の保育料を一〇市町の最低額の四、五〇〇円に統一する。保育園の保育料は、一〇市町の最低額に統一する。乳幼児医療給付対象者を、

図表10　圏域図

図表11　西濃圏域の現況

	大垣市	養老町	上石津町	垂井町	関ヶ原町
2000年国調人口	150,246	33,256	6,921	28,935	9,110
面積（km^2）	79.8	72.1	123.4	57.1	49.4
財政力指数	0.881	0.543	0.363	0.688	0.547

神戸町	輪之内町	安八町	墨俣町	池田町	合　計
20,750	9,141	15,078	4,660	23,820	301,917
18.8	22.4	18.2	3.4	38.8	483.3
0.722	0.437	0.674	0.330	0.520	－

図表12　4町の住民意向調査の結果

	養老町	垂井町	関ヶ原町	神戸町
実施日	2004年8月8日	2004年10月31日	2004年10月31日	2004年10月31日
投票率	48.25%	79.36%	72.85%	62.01%
賛　成	7,464（58.0）	5,804（32.4）	2,106（40.0）	4,420（42.8）
反　対	5,257（40.8）	11,941（66.7）	3,096（58.8）	5,804（56.2）
無　効	151（1.2）	151（0.8）	57（1.1）	110（1.1）

養老町は1市9町での合併の是非を問う。
垂井町、関ヶ原町、神戸町は1市7町と合併することについての是非を問う。
これらの他に池田町（2005年1月23日実施）で行われているが、「1市2町（大垣市・上石津町・墨俣町）との合併」「神戸町との合併」「単独」の選択肢のため省略した。

入院は義務教育終了まで、外来は小学校終了までに統一する。すべての小学校一学年及び中学校一学年の在籍三〇人以上の学級に補助講師を派遣する、など七事業が列挙されている。(52)

このほか、地域自治組織にも傾聴させるものがある。しかしながら、全部の合併協定項目の協議が終わり、合併協定書の調印を間近に控えた段階で、合併協議に激震が走ることになった。

合併協議が終了した段階で、合併に対する民意を把握するため、いくつかのまちで住民意向調査が予定されていた。そのトップを切って二〇〇四年八月八日に養老町で実施されたが、**図表12**のように賛成票が反対票をかなり上回った。したがって、合併協議は住民にも受け入れられ、問題はないかのように見えた。ところが、その直後の八月一二日に安八町長が合併協議会からの離脱を表明するに至った。

なぜ安八町は、離脱するに至ったのか。脱退を承認した安八町議会における町長の説明を紹介すると、以下の通りである。

「今回まで、回を重ねて、ずっと説明会をしてまいったわけでありますが、百回以上にわたって御説明を申し上げました。その結果、町民の皆様から思う理解を得ることができなかったということであります。その理由を四つ申し上げます。

まず一つは、合併後のまちづくり、将来像が不安であるということであります。

二つ目は、町民サービスの低下であります。福祉・教育・農業関係、すべてにわたって低下をするというものであります。

それから三つ目は、住民負担の増加であります。新しく二つの税金ができますよということを申し上げております。

四つ目は、住民の声が届かないということであります。

以上、四つの理由をもちまして脱退をさせていただきますわけでございますが、町民の幸せな生活・暮らしを守るには、やむをえない決断であると思っております」(53)。

少し補足すると、最初の合併後のまちづくりや将来像が不安であるというのは、先送りの協定項目が多いためである。次の福祉や教育などで住民サービスが低下することが指摘されているが、合併協議会による「主な負担とサービスの内容比較」[54]によると、福祉、教育のすべての項目において、安八町では「サービス開始」「サービスの向上」となっている。この相違の主な理由は、福祉ではたとえば敬老会の記念品や一〇〇才の祝金など、教育では小中学生の海外交流や小中全学年にわたって三〇人以上学級への補助講師の配置など、安八町独自の施策をどう見るかによるものと思われる。三つ目の住民負担の増加は、都市計画税と事業所税である。しかるに、今述べた「主な負担とサービスの内容比較」では、事業所税が省かれている。[55]

この安八町の離脱を契機として、**図表13**のように住民意向調査の結果などを受けて、多くの町が離脱し、合併協議会への出席を見合わせる町も出てきた。この結果、大垣市との合併協議を望む町は上石津町と墨俣町だけとなり、西濃圏域合併協議会は機能しなくなった。このため、大垣市と上石津町、墨俣町は「西濃圏域一市二町合併研究会」を二〇〇四年一二月二二日に立ち上げ、次いで二〇〇五年二月一七日に「西濃圏域一市二町合併協議会」を設置し、合併協議を進めた。これにより、二〇〇六年三月二七日に新「大垣市」が誕生した。[56]かくして、一市二町はもとの法定協に参加したまま、それとは別にもう一つの合併協を設置して合併協議を進めるという、異例の事態が見られたのであるが、二〇〇五年三月三一日をもって西濃圏域合併協議会は正式に解散の運びとなった。

さて西濃圏域合併協議会は、以上のような合併協議の経過をたどったのであった。どうしてそうなったのか。

図表13　西濃圏域合併協議の歩み

☆　2002年3月28日

西南濃町村会（11町）が、大垣市に12市町での合併研究会設置を申し入れ

☆　2002年5月16日

大垣市長と同市議会議長が、海津郡・養老郡・不破郡・安八郡・揖斐郡の各町村会・町村議会議長会に中核市の形成を目指した研究会の設置を申し入れ

☆　2002年7月29日

西濃圏域合併研究会（9市町）設置

☆　2002年9月28日

安八町が加入

☆　2003年2月13日

西濃圏域合併協議会（9市町）設置

☆　2003年4月1日

関ヶ原町が加入

☆　2004年8月8日

養老町で住民意向調査、賛成が反対を上回る

☆　2004年8月26日

安八町が脱退

☆　2004年10月31日

垂井町、関ヶ原町、神戸町で住民意向調査、3町とも反対が賛成を上回る

☆　2004年11月9日

垂井町と関ヶ原町が離脱

養老町が合併協議会に参加しないことを決定

☆　2004年11月26日

輪之内町が合併協議会に参加しないことを決定

☆　2004年12月7日

神戸町が離脱

☆　2004年12月13日

池田町が離脱

☆　2005年3月31日

西濃圏域合併協議会解散

岐阜広域の場合と同じような、いやもっと明確な次のような発言がみられる。住民意向調査前の垂井町議会で、ある議員は「私はあえてここで申し上げるわけですが、この西濃圏域合併協議は失敗すると私は予測しております。その最大の要因の一つは、今回の合併論議は住民の中から沸き起こってきていないと私は判断しております。そんな合併が成功すると思っていないわけです[57]」と言う。また大垣市議会では、「合併の機の熟さないところに大垣市の合併協議会が打ち出した子育て日本一の中核都市構想は、相手の胸に響かなかったのではないでしょうか[58]」という発言が見られる。

西濃圏域のみならず岐阜広域についても言えることであるが、これらの発言に象徴されるように、小規模自治体であっても財政力がかなりあるため、住民の中には合併の機運があまりなかったのである。そうした中で、合併によって、中心都市よりも充実した福祉や教育などの行政サービスが低下する恐れがあるばかりか、都市計画税や事業所税の新たな負担が加わる。このため、行政がいくら町の危機を唱えて合併を強調しても、山間部の自治体と違って、住民にはあまり浸透することがないし、かえって住民の反発を招く。ここにこそ、合併協議が住民投票や住民意向調査によって破綻する根本的な原因があると思われる。

そしてまた、中核市や政令指定都市のように人口要件を満たすために、数合わせ的に広域合併が追及される。したがって、ひとつの自治体で合併が破綻すれば、雪崩を打って離脱が相次ぐことになる。一市九町の合併協議が一市二町となった西濃圏域も、二市四町の合併協議が一市一町となった岐阜広域も、このためである。

なお、合併破綻の原因を議会で求められた大垣市長は、「各町においてさまざまな事情があったと思いますが、広域合併について住民の皆さんに御理解いただけず、合併への不安があったのではないかと思います」[59]と応えている。また大垣市議会議員の中には、「要は大垣市は周辺の町からは合併する魅力がある町ではなかったのじゃないかと、また信頼されている町でもなかったのかなと私は思います。ほかの町をとかく言う前に、我々も反省をしなければならないかなと思います」[60]との発言も見られる。

4 美濃加茂市・加茂郡町村合併協議会の解散

可児市郡合併協議会の解散の中で触れたように、可茂地域二市九町村からなる「可茂地域市町村合併研究会」が解散した後、これが二つに分かれて生まれたのが可児市郡合併協議会と美濃加茂市・加茂郡町村合併協議会である。前者が一市二町の合併協議であったのに対し、後者は山間部の町村を含む一市七町村（**図表14**の圏域図を参照）からなる広域合併である。

その合併協議の歩みは**図表15**の通りであるが、この合併協議会が美濃加茂市の市民意向調査の結果を受けて、解散に至った旨を報じた『合併協議会だより』第一三号には、次のような記述が見られる。

図表14　圏域図

図表15　美濃加茂市・加茂郡町村合併協議の歩み

☆　2002年5月16日
加茂郡町村から美濃加茂市に合併についての協議会設置の申し入れ

☆　2002年8月28日
「美濃加茂市・加茂郡町村合併検討協議会」設置

☆　2003年4月1日
「美濃加茂市・加茂郡町村合併協議会」設置

☆　2004年11月28日
美濃加茂市で市民意向調査、反対が賛成を上回る

☆　2004年12月31日
美濃加茂市・加茂郡町村合併協議会解散

「任意の協議会を立ち上げて約二年半に及ぶ年月の間には、協議会の場でも、美濃加茂市の一部委員から『合併反対』の意見が出されたり、『一市七町村の枠組みは残しながら、二回に分けて合併する〈二段階合併〉案』が提案されたりしたこともありました。また、合併前の財政運営のあり方や、新市の議会議員定数などでは、なかなか意見が整わなかったため、一時、協議が停滞した時期もありました。

このような背景のもと、美濃加茂市では、『すっきりした形で合併を進めたい』との考えで、合併の最終段階での市民意向調査に踏み切りました。（中略）

平成一六年一一月二八日の投開票の結果、『合併に反対』が九千八〇八票（全有権者数の二六・四八％）となり、平成一六年一二月三一日をもちまして、美濃加茂市・加茂郡町村合併協議会は解散することとなりました[61]」。

この記事からも合併協議が大変難航したことがうかがわれるが、少し補足したい。

まず、協議会の席上での「合併反対」の発言を取り上げると、これはすべての合併協定項目の協議を終えた第一三回協議会で飛び出したものである。「合併の期日」を二〇〇六年一月一〇日とする提案に反対して出されたもので、六つの問題点が指摘されている。新市にすべての財産や債務を引き継ぐことを決めているのに、財政調整基金を取り崩して使い切る自治体が出て来たのは、その合意に反しており、「今回の合併協議そのものが崩壊している」という問題点から始まって、広い行政面積や加茂郡七町村の職員が美濃加茂市の二倍以上という職員数の問題など、「この合併は非常に無理な合併であるということが、合併協議を通じて明らかになってきたと思う」という問題点で終わっている。このために、もっと時間をかけて協議すべきであり、原案の期日に反対であると言うのであるが、むしろ合併そのものに反対した発言であった[62]。

二〇〇四年五月一二日の第一一回協議会で提案された二段階合併論は、協議会委員個人の意見とはいえ、美濃加茂市議会の合併特別委員会委員長であり、最大会派の会長からの提起であったがゆえに、大きな波紋を投げかけた。

どうしてこれが提起されたのか。この合併は、編入する側より編入される側の人口の方が多いことや、広い面積と多くの高齢者を抱え込むばかりか、財政力も大きく低下するなど、そもそも大変である（**図表16**の美濃加茂市・加茂郡町村の現況を参照）。それに加えて、坂祝町の財政調整基金問題が顕在化するに至り、このままで意向調査をやれば結果は明らかである。したがって、もっと時間をかけて合併と取り組む必要がある。そしてあわよくば、「新しい案でいきますから、意向調査はやらないという方法も選択肢としてとれるのではないか[63]」と考えて、提起されたのが二段階合併論であった。

これに対して、誰がどこでどのようにして第一次合併、二次合併というようにふり分けを決めるの

図表16　美濃加茂市・加茂郡町村の現況

	美濃加茂市	坂祝町	富加町	川辺町	七宗町	八百津町	白川町	東白川村	合　計
2000年国調人口	50,063	8,853	5,835	11,013	5,234	13,632	11,282	2,980	108,892
面積（km^2）	74.8	12.9	16.8	41.2	90.5	128.8	237.9	87.1	690.0
財政力指数	0.749	0.465	0.392	0.470	0.376	0.376	0.292	0.139	－

か。二次合併を誰が保障するのかなどの否定的な発言が相次いだ[64]。各市町村に持ち帰って検討することになったが、受け入れられるところとはならなかった。

「合併前の財政運営のあり方」とは、既に触れたように、坂祝町がこの数年間で一九億円ほどの財政調整基金を取り崩し、学校の耐震工事などに使い切った件である[65]。

二〇〇四年四月に予定されていた合併協議会が、二度にわたって延期されたのも、合併直後の議員定数をいくつにするかでなかなか調整がつかなかったためである。

議員定数に関しては、「議会議員の定数等に関する検討小委員会」で審議されてきた。第七回小委員会（二〇〇四年三月一一日）で、美濃加茂市議会議員の在任期間（二〇〇六年一〇月一二日）後は、地方自治法に基づく法定定数三四人以内で、大選挙区で行うことで合意をみた。しかし、在任期間については合併特例法の在任特例（この場合は一一五人）を適用しないことになったものの、地方自治法に基づく法定定数の三四人とするのか、合併特例法の定数特例を適用して四八人とするのかに関しては、合意をみることができなかった。前者の三四人とすれば、人口で上回る郡部が一三人の増員選挙（美濃加茂市議会の議員定数は二二人だが一人を欠く）にとどまるので、七町村はとうてい承服しがたい。他方、四八人とすれば議会のリーダーシップを旧町村が握ることになりかねないので、美濃加茂市としては認めがたい。このため、大変難航したのであった。

第一〇回の小委員会（二〇〇四年八月一六日）で、郡部側が譲歩して美濃加茂市議会議員の在任期間に関しても、議員定数は三四人とし、郡部は町村毎に選挙区を設けて増員選挙をすることで小委員会の最終案がやっとまとまったのであった。これをふまえて、第一三回の協議会で決着をみた。

合併がご破産になったのは、県内で初めてのケースであった「編入する側の意向調査」の結果によるが、「合併に反対」の票数は既に見た通りである。これが、有権者の二〇％以上の一番多い得票を尊重するとした、結果の取扱いのルールを満たしたのである。なお、「合併に賛成」は六、六一八票、「どちらともいえない」は一、七三一票であった。

以上で補足説明を終えるが、さてそれではどうしてこのような投票結果を招いたのか。

「市民意向調査において賛成・反対に大きな票差が出ましたが、その理由は何であると思われますか」との質問に対して、美濃加茂市長は「私は市民の説明会の中でも申し上げてきましたが、編入を受ける側のメリットは何か、デメリットは何かということで御質問もいただいたところでありますが、子供たち、小学生、中学生、あるいは今成人式を迎えた若者のために、一〇年後、二〇年後どのようにまちを残してやれるか。あるいは美濃加茂市がここまでこられたのは、やはり周辺地域の信頼を得て中心的な役割を果たしてこられたからこそここまで来られたということは、再三にわたって申し上げてきました。そうした私の考え方、思いというのが、ミクロの問題とマクロの問題と見ますと、マクロの問題はなかなか身近な問題として御理解いただけなかったのかなという思いがしております」と、答えている。(66)

しかし私は、「説明不足を原因に上げる意見もありますが、この枠組み自体が抱えている人口的アンバランスや、経済的アンバランスこそが最大の原因であったのだと思います」(67)という意見に賛同する。

以上、東濃西部三市一町合併が破綻した後、県下ではなぜ相次いで合併協議会から参加自治体が離脱したり、協議会が解散したのかを見てきた。

そこから明らかになったように、東濃西部三市一町の合併破談とは直接の関係なしに、そうした事態が生じたのであった。もちろん、東濃西部三市一町の合併破談が各地の合併に反対したり、合併に疑問を持つ人々の大きな励みとなり、反対運動に追い風となったことは軽視すべきではなかろう。(68)とはいえ、やはりそれらは破綻すべくして破綻したのである。そして県下では、合併旋風が吹き荒れたがゆえに、その破綻も相次いだのであった。東濃西部三市一町合併の破談は、たまたまその先駆けとなったにすぎない。

〔注〕

(1) 東濃西部合併協議会事務局『東濃西部合併協議会　住民説明会　東濃西部三市一町合併協議の状況報告』二頁。
(2) 『平成一五年第五回岐阜県議会定例会会議録』四〇頁。
(3) 「市町村合併についての白川村の考え方～合併せず単独村で行政運営～」白川村『地区座談会「市町村合併問題等について」』一―二頁。
(4) 白川村『白川村単独行政推進試案～村が合併せず単独で自治体を運営していくために～』(平成一五年六月) 三頁。
(5) 美濃市総務部企画政策課『広報みの』No.六〇六、二〇〇三年三月一五日。
(6) 『広報おおの』号外。
(7) このように「支援」要綱となっているが、いわゆる推進要綱のことである。
(8) 岐阜県市町村広域行政検討委員会『市町村合併に関する調査研究報告書～二一世紀の市町村のあり方について～』平成一三年二月、四二頁。なお本書によると、五市となる時代もいずれ訪れるという。
(9) 総務省に確認したわけではないが、この数字は九六分の九一から算出したものだと思う。分母の九六は、九九市町村だったものが山県市と瑞穂市の誕生により五町村が減少し、二市が生まれたことによる。そしてこの時法定協議会に参加していなかったのは、新市の二つのほかに白川村と美濃市ならびに武芸川町の五市町村である。
(10) 東濃西部合併協議会『住民説明会　質問・意見等分類一覧』(第一七回協議会資料4) 六三頁。
(11) 岐阜県市町村課広域行政チームでの聞き取りによる。
(12) 岐阜県市町村広域行政検討委員会、前掲書、四一―四二頁。
(13) 岐阜県地域計画局市町村課『市町村合併支援要綱』平成一三年三月、一頁。
(14) たとえば、『平成一三年第五回岐阜県議会定例会会議録』一五七―一五八頁における知事の答弁を見られたい。
(15) 『平成一五年第五回岐阜県議会定例会会議録』一九五頁。
(16) 『平成一三年第一回岐阜県議会定例会会議録』一七五頁。

(17) 同右、二八九頁。
(18) 同右、二八四頁。
(19) 『平成一三年第四回岐阜県議会定例会会議録』三二五頁。
(20) 同右、三二六頁。
(21) 『平成一四年第五回岐阜県議会定例会会議録』二六〇頁。
(22) 同右、二六〇―二六一頁。
(23) 新市の名称（合併案では下呂市）と市役所の位置（同じく旧下呂町役場）のためである言われる（『朝日新聞』二〇〇三年七月二五日）。
(24) 『平成一五年第四回岐阜県議会定例会会議録』二九八―二九九頁。
(25) 同右、三〇八頁。
(26) 「岐阜県は、全国でも群を抜いて市町村合併が推し進められています。九六％の市町村が合併に動き出しています。こうした動きをつくり出したのは、国の合併押しつけと同時に、岐阜県のなりふり構わないやり方に原因があると私は考えます」（『平成一四年第五回岐阜県議会定例会会議録』二六〇頁）という発言が県議会で行われている。
(27) 『朝日新聞』二〇〇四年一二月一七日。
(28) 二〇〇四年四月二五日に開催された可児市の「可児市郡合併協議　市民説明会」の『別紙資料』に、「各市町の主張の相違（継続協議題　四項目）」として詳細にまとめてある。また、御嵩町の広報『ほっと　みたけ』No.四三九、二〇〇四年五月に、柳川町長の「合併話のてん末手記　手さぐりでやってみましたが……」が掲載されており、その中で「主張の相違三項目」について説明している。
(29) 『平成一六年御嵩町議会第一回臨時会会議録』一〇頁。
(30) 同右、一〇頁。
(31) 『ほっと　みたけ』No.四三九、二〇〇四年五月、一〇頁。
(32) 『平成一六年御嵩町議会第一回臨時会会議録』九頁。
(33) 『ほっと　みたけ』No.四三九、二〇〇四年五月、三頁。
(34) 『平成一六年御嵩町議会第一回臨時会会議録』八頁。
(35) 同右、一〇―一一頁。

(36) 兼山町総務課での聞き取りによれば、人口が一万人未満であるため県の勧告を避けるためであるという。
(37) 『平成一六年第三回定例会岐阜市議会会議録』六七九頁。
(38) 岐阜広域合併協議会事務局『岐阜広域合併協議会だより』第八号、四頁。
(39) 岐阜市・羽島市・柳津町・武芸川町合併検討協議会長細江茂光の北方町長白木聡様への回答書による（北方町『市町村合併で新しいまちづくり　二月二三日合併の枠組みを問う住民投票を実施』一〇頁）。
(40) 『岐阜広域合併協議会だより』第九号、三頁掲載の「都市内分権の基本方針（案）」を参照した。
(41) 羽島市『住民投票資料　羽島市の合併についての意思を問う住民投票　投票日は四月一八日（日）』五頁。
(42) 『平成一六年第四回羽島市議会定例会会議録』三九頁。
(43) 同右、五二―五三頁。
(44) 『平成一六年第三回定例会岐阜市議会会議録』六五六頁。
(45) 岐阜県内の市町村合併について調査研究してきた県市町村広域行政検討委員会の重網伯明委員長は、県内の合併の課題について触れた中で、「県都・岐阜市と周辺自治体の合併については、『通常、都市は周辺から合併を望まれるが、岐阜市との合併は嫌がられる傾向が出ている』と、岐阜市の魅力不足を問題点に挙げた」（『毎日新聞』二〇〇一年二月一〇日）という。
(46) 岐阜市椿洞の山林に大量の産業廃棄物が不法投棄された事件で、岐阜市の負担する巨額の撤去費用や、こうした事態を許した行政の体質が大きな問題となった。
(47) 『平成一六年第二回岐南町議会会議録』二四頁。
(48) 柳津町『柳津　future』（平成一六年一〇月）二頁。
(49) 町内の境川中学校が岐阜市との組合立で岐阜市教育委員会の管轄であるのに対し、柳津小学校は町立で教育委員会は岐南町、笠松町との共同設置である。このため、岐阜市と合併しないと、小中の一貫した教育を行うのに支障があるという。
(50) 一九八七年一月に、全国に類のない広域青年組織として設立された。一九九三年の一月には西濃一市一九町村全て（一〇八団体三、八四〇名）が加盟するに至るとともに、「二一世紀西濃圏域の真の理想郷を求める『いつかは、西濃市』」を提言した。
(51) 西濃圏域合併協議会『西濃圏域合併協議会だより』第七号、八頁。
(52) 同右、第九号、四頁。

(53)『平成一六年第二回安八町議会臨時会会議録』七―八頁。
(54)西濃圏域合併協議会『西濃圏域合併協議会だより』第九号、六―七頁。
(55)これは、合併協定項目「地方税の取扱い」で、「新市において、事業所税の課税要件等地方税法の規定の改正を国等関係機関へ要望します」とあるためであると思われるが、それにしても理解しがたい取り扱いである。
(56)法定合併協議会の開催はわずか一回だけで、二〇〇五年二月二五日に合併協定書の調印が行われた。また全国でも異例の「二重飛び地」合併である。
(57)『平成一六年第六回垂井町議会定例会会議録』五九頁。
(58)『平成一六年第四回大垣市議会定例会会議録』九〇頁。
(59)同右、九五頁。
(60)同右、三六頁。
(61)美濃加茂市・加茂郡町村合併協議会『合併協議会だより』第一三号。
(62)『第一三回美濃加茂市・加茂郡町村合併協議会会議録』参照。
(63)『平成一六年美濃加茂市議会第三回定例会会議録』五四頁。
(64)くわしくは、『第一一回美濃加茂市・加茂郡町村合併協議会会議録』を参照されたい。
(65)坂祝町役場での聞き取りによれば、合併するしないに関わらず必要不可欠な学校の耐震対策などに使った。また、他市町村が繰越金という形で処理しているものを、坂祝町では基金に繰り入れるという財務処理の違いによるものであって、合併を控えて基金を意図的に使ったものではないと言う。なお財務処理の違いに関しては、美濃加茂市長も言及している(『平成一六年美濃加茂市議会第三回定例会会議録』五八―五九頁)。
(66)『平成一六年美濃加茂市議会第四回定例会会議録』六二頁。
(67)同右、五七頁。
(68)『朝日新聞』二〇〇四年一月二九日の「破談の衝撃下」を参照されたい。

第四章　笠原町を編入した多治見市

第一節　合併の経過

合併協議のスタート

図表1は、多治見市が笠原町を編入合併するまでの経緯を見たものである。これを補足する形で、合併の経過を述べる。なおその際、前回の三市一町合併協議との相違点にできるだけ触れたい。

第二章第二節「多治見市議会における総括──二〇〇四年三月の多治見市議会から」の「今後の市政運営の方針」を、「しかしながら、三月三一日をもって東濃西部合併協議会を廃止することを決めた三月議会が、笠原町との合併協議に踏み出すスタート台ともなったのであった」という文章で結んだように、既に笠原町との合併問題が動き始めていた。

それが本格的な展開を見るに至ったのは、五月一〇日に水野隆夫笠原町長が西寺雅也多治見市長に合併協議の申し入れをした時からである。その申し入れの中で、笠原町長は「笠原町民の幸せと地域

図表1　合併までの経緯

期　日	内　容
2004年3月8日	多治見市長が平成16年3月議会で、笠原町との職員レベルの研究会再開について合意した旨の発言。
4月1日	多治見市・笠原町合併研究会の設置。
5月6日	笠原町の町民有志「笠原・多治見合併を推進する会」が、1,854人の署名を集め、合併協議の開始を町へ要望。
5月10日	笠原町長が多治見市長に合併協議の申し入れ。 多治見市ホームページにおいて、合併協議の申し入れに対する意見の受付を開始。
5月12日～31日	多治見市において、笠原町との合併について市民各界各層約180件の意見聴取を実施。
5月21日	笠原町区長会、多治見市との合併協議会早期設置の要望書を提出。
6月22日	笠原町議会で多治見市・笠原町合併協議会設置議案を可決。
6月28日	多治見市議会で多治見市・笠原町合併協議会設置議案を可決。
6月30日	多治見市・笠原町合併協議会規約に係る協議書締結。
7月1日	多治見市・笠原町合併協議会の設置。岐阜県知事に届出書の提出。
7月3日	第1回多治見市・笠原町合併協議会の開催。
7月16日～30日	笠原町で住民説明会を開催。(11会場　延べ参加者278人)
10月5日	第8回多治見市・笠原町合併協議会の開催。合併協定項目・新市建設計画の協議を終える。
11月2日～12月9日	合併住民説明会の開催。(23会場　延べ参加者1,283人)
12月25日	第11回多治見市・笠原町合併協議会の開催。協定項目等の再確認を終える。
12月27日	両市町長が合併協定書に調印。
2005年1月26日	多治見市議会で合併の議決。
1月28日	笠原町議会で合併の議決。
1月31日	知事に合併の申請を行う。
3月23日	県議会で両市町の合併を議決。
4月12日	総務大臣の告示。
2006年1月23日	合併。

(出所) 2004年11月2日～12月9日までは『多治見市・笠原町合併協議会　合併住民説明会(資料編)』3頁の「合併協議の経緯」による。ただし、付け加えたことがある。それ以降は筆者が作成。

の発展を念願するとき、行政基盤の強化とともに地方分権による新たな自治を確立しなければならない」ことをうたい、そのために「既に消防防災、教育・文化、生活基盤、情報化施策の分野等で連携が進展し、しかも日常生活圏や経済圏の緊密な一体感が醸成されている多治見市との合併を促進し、ともに手を携え多治見市・笠原町の更なる発展を期待する」ことを述べている。

この申し入れに対する多治見市長のコメントは、「私個人としては、多治見市と笠原町の合併協議を進めたいと考えているが」、議会や多くの市民の意見を聞いて対応を検討していきたいというものであった。破綻した前回の合併協議と同じ轍を踏まないようにという慎重な姿勢が、このコメントからうかがわれる。

市長のこのコメントを実際に行動に移したものと思われるが、ホームページで笠原町からの合併協議の申し入れに対する市民の意見を受け付けたほか[1]、市民各界各層より一八〇件の意見聴取が行なわれた。

後者の各界各層意見聴取は、市内の経済団体や環境関係団体、教育関連団体などの代表者から、市の職員が笠原町との合併について聞き取り調査を行ったものである。ただし、意見は団体としてのものではなく、個人としてのものである。その結果は、笠原町との合併について「特に問題ないと考える」が一六八件（九二％）、「問題があると考える」が一〇件（六％）、「わからない」が四件（二％）であった[2]。

この聴取結果がどれだけ行政の意思決定に影響を及ぼしたか定かでないが、行政が笠原町との合併協議を進める一つの大きな力となったことは否定できない。事実、この各界各層意見聴取の結果は、議会や住民説明会などさまざまな折に紹介され、笠原町との合併協議を正当化する「民意」として機能したように思われた。(3)

さてこうしたことを踏まえた後に、「多治見市・笠原町合併協議会の設置について」の議案が、各市町の議会で審議された。

多治見市議会では、「今回のように急ぎすぎる笠原町との合併協議会設置ではなく、それぞれの町の健全なまちづくりのために協力し合える関係をどのようにつくっていけるか。これを三市一町が反省をもって進めることこそ、今までの三市一町の協議を活かすことにつながるのではないでしょうか」(4)という立場から反対討論が行われたが、議案は賛成多数で可決成立した。なお笠原町議会でも、住民投票や意向調査なしの「町長と議員で進める合併には反対」(5)である旨の反対討論が行われている。

ところで多治見市議会に関して言えば、この時の議会と東濃西部三市一町の合併協議会の設置を審議した時の議会とでは、論議の焦点となったことがかなり違っている。

前回は、合併協議会で合併の是非を問うことができるのか、また四二名もの多くの協議会委員で十分な議論ができるかなど、合併協議会に関する質疑が多かった。これに対し今回は、笠原町との合併協議にのぞむ市長の心構えや、今回は住民意向調査をする意思はないと市長は表明しているがどうやって民意を吸収するのかなど、前回の合併協議を踏まえての質問が多い。

このようにして多治見市・笠原町合併協議会は、二〇〇四年七月一日に設置された。協議会委員は一号委員（長と助役）四名、二号委員（議長と議会推せんの議員各三名）八名、三号委員（学識経験者各六名）一二名の総計二四名である。前回と比べ、二号委員と三号委員は一名増となったが、三号委員の全体枠であった二名の「大学教授枠」はなくなった。[6] また三号委員に関して、多治見市では原則として前のメンバーが再任されたが、笠原町ではメンバーが大きく入れ替わった。協議会の会長は西寺雅也多治見市長、副会長は水野隆夫笠原町長である。設置された小委員会は、八名で構成された新市建設計画作成小委員会だけである。

新市建設計画

新市建設計画は、六回に及ぶ新市建設計画作成小委員会によって審議され、二〇〇四年一〇月五日の第八回協議会で決定されている。ここでは新市の将来像と財政計画を中心に、紹介とコメントをしたい。

まず新市の将来像に関してであるが、**図表2**のような四つの案が提案された。第四案は事務局より出されたものであるが、他の案はすべて委員から提案されたものである。ただし第三案は、三市一町

図表2　新市の将来像に関する4つの案

第1案	“躍動、安心、創造をもとめて” 「協働で築く緑あふれる交流のまち」
第2案	「すべての市民が安心していきいきと暮らせるまち多治見」 ―豊かな市民参加の実現をめざして―
第3案	「焼き物文化がかおり、人と自然を大切にする美しきまち」
第4案	「人が活きる　伝統が息づく　次代へつなぐ　ふるさと“たじみ”」

（出所）第3回新市建設計画作成小委員会　資料2「建設計画の内容の検討」の10頁。ただし各案に関するコンセプトは省略した。

合併協議の総括を紹介した第二章第一節で取り上げた桔梗連合市民会議の手になる『東濃西部新都市のための提言』でうたわれた新都市の将来像と同じものである。

小委員会では、これらのうち第一案と第四案の支持が拮抗し、一つに絞り込むことができなかった。そこで協議会の意見を聞いて決めることになり、この二つの案が第七回協議会で審議された。その結果、単純多数決で一三名の賛成をえた第一案に決まったのであった。

この“躍動、安心、創造を求めて”「協働で築く緑あふれる交流のまち」は、東濃西部三市一町の将来像、「～活力、安心、創造を求めて～みんなでつくる、緑あふれる、交流のまち」と極めてよく似ている。「活力」が「躍動」に、「みんなでつくる」が「協働で築く」にとって代わっただけである。新市の将来像を、特徴的なものでなく、総合的なものとする以上、こうしたことは避けられないのかもしれない。

ところで新市の将来像を決めるに際し大変不思議だったのは、新市の将来像を決める前に、それを実現するための新市の基本方針が既に準備されていたことである。つまり、新市の将来像があって新市の基本方針があるのに、新市の将来像に先立って、多治見市の第五次総合計画をもとに六つの基本方針が提起されていた。この点は協議会事務局によっても十分認識されており、「これは本来ですと、今の将来像が決まらなければ次の基本方針というのも設定できない[7]」けれども、「賑わいや活力を創り出すまちづくり」から「構想実現のために」までの六つの基本方針が提案され、それが了承されている。

そうであるなら、第五次多治見市総合計画における目指すべき将来像「二一世紀　市民の鼓動がひびくまち　多治見」を、新市の将来像とすることに格別の問題があるのであろうか。この点の言及は、残念ながら見られない。

なお主要事業のうち、「道の駅・(仮)日本タイル村整備事業」と「電子自治体への対応促進」にかかわる「住基カード・タウンカードの連携」に関しては、住民説明会などでその必要性を問う疑問が投げかけられている。これらについては後で触れるが、前者に関して新市建設計画では「新市において、官民一体の検討委員会を設け、施設規模及び管理運営体制等を検討する」というただし書きがついている。それは小委員会でも、採算などいろいろ意見が出たためである。

次の財政計画に関しては、二〇〇六年度から二〇一五年度までの合併後一〇年間の新市財政計画が策定された。普通会計一〇年間の合計で二、九四二億円に及ぶ財政計画であるが、これに関して私が気づいた点を二つ述べたい。

小委員会で作成した新市建設計画の原案が、第八回協議会で了承決定をみたことは冒頭に触れた通りである。その提案説明の中で、小委員会委員長は新市になった場合の財政推計と両市町の推計の単純合計を比較して、「合併をすれば一〇年間で約三〇〇億円の歳入の増が可能となってまいります。歳出面では、合併すれば人件費を一〇年間で三三億円減らすことができます。扶助費は平成二七年度には、現在平成一五年度と比べ六五％増、いわゆる金額にいたしまして一九億円の増加となりますが、先ほども申しましたように、職員の削減計画により、職員の給与は平成二七年には現在と比べ約一八億円削減できますので、これに充てることが可能となってまいります。投資的経費について見てみますと、合併をしなければ、平成一五年度で四四億円あったものが平成二七年度では六〇％の減少をしまして一七億円となってしまいます。合併をいたしますれば、平成一八年から二七年の一〇年間で現在の年間四四億円程度の規模が何とか維持できるといった内容になっております」[8]と述べている。

財政上の合併効果がいかに大きいかを述べたものであるが、しかしながら比較の対象となった両市町の財政推計は、歳入歳出のバランスを取った数字合わせのものでしかない。この点、協議会事務局長が、「単独で生き残ろうとする場合に、どのような手段で経費を落として合わせるかということも検討していただいて、現実には非常に困難ではありますが、このような数字で合わせていただいたということです。したがいまして、投資的経費については、そのアンバランスの中で基本的に維持補修的なもの以外についてはまずできなくなるだろうということで、起債についてもほとんどゼロに近い額という形になっておりますし、歳出の投資的経費も一億程度というような数字にしてあるということでございます」(9)と、笠原町の財政推計について述べていることを想起すべきである。多治見市の財政推計に関しても、同様であろう。

したがって、こうした財政推計と比較して合併効果を強調することは、すべきでなかろう。

また合併効果に関して、**図表3**のような事項が掲げられ、「普通交付税の算定特例　八・七億円（平成一五年度ベース）」が、「国・県からの財政支援」の中に列挙されている。しかしこれでは、合併効果による経費削減とは別に、いかにも年間八・七億円の財政支援が交付税の算定特例として受けられるかのように誤解されてしまう恐れがある。

事実、小委員会の論議の中でさえ混乱が見られる。小委員会で出された意見をまとめたものから拾い出すと、「⑲特例債の償還額のうち、新市の負担分は六九億円となる。その大半は、平成二七年が過ぎてからの償還となるが、その返済計画は大丈夫なのか。（委員長）→交付税の算定特例や合併効果による支出の削減分を償還に充てていきたいと考えている。（事務局）」(10)。ここには、その誤りの典

図表3　合併効果について

合併に伴う各種財政支援制度による歳入の増加見込み額、合理化による歳出経費節減可能額を算出し、合併効果とする。

1）国・県からの財政支援

- 合併特例債（建設事業）　175.6億円
- 合併特例債（基金造成）　18.4億円
- 普通交付税　6.8億円
- 特別交付税　4.5億円
- 合併推進補助金　4.5億円
- 支援交付金　5億円

（普通交付税・特別交付税・合併推進補助金・支援交付金：未確定分）

- 普通交付税の算定特例　8.7億円（平成15年度ベース）

2）合併特例債の償還

- 借入額　194億円
- 償還額　230億円（交付税算入額161億円、市負担分69億円）

3）人件費の削減

- 特別職（4役）、議会議員、各種審議会委員、一般職等の削減により10年間で約31億円

4）物件費等の削減

- 合併効果により10年間で約1億円の削減

（出所）第4回新市建設小委員会の資料2「新市建設計画に係る財政計画作成の考え方」の1－2頁。

型が示されている。また「①交付税の算定特例の金額が約八・七億円の効果がでている。一〇年間で八七億円となっあると考えて良いか。（委員長）↓交付税の算定額は毎年異なる、八・七億円は平成一五年度でみた場合である。現在、国は三位一体の改革を進めており、交付税は減少しているため、算定特例の額も減少していくことが考えられる。（事務局）[11]」。このような質問が出るのもこうした表示のためであるし、事務局の回答たるや私に言わせればピントハズレもよいとこである。

住民説明会の「資料編」の「具体的な合併効果」は正しい理解に基づいて作成されているのであまり目くじらを

立てる必要はないが、交付税の算定特例は**図表3**に列挙すべきではなかろう。
なお合併特例債については、後で述べる。

合併協定項目

第八回の協議会で、すべての協定項目の協議が終了した。そのうち「基本的協定項目」と「合併特例法による協定項目」の協議内容を列挙したのが**図表4**である。なおこれは、第九回協議会で行われた字句等の修正ずみのものである。

これらに関し、どんな協議が行われたのか。必要なものには、若干の補足を加えたい。

なぜ編入合併なのか。協議に入る前から協議内容のような調整案が示されたので、多治見市の委員から編入すると笠原町の規則などいろいろなものが全部なくなるし、編入と言うと大きいところが小さいものを飲み込むような感じがする。「笠原町さんの方はそれでいいですか」という問いかけがなされている。

これに対し笠原町長は、「これは本音と建前の問題でして、要は、建前上は編入するということは、今ご説明いたしましたように、編入でやると非常に手続が簡単で、それからもし特例法を利用しようと思うと非常に期間が短いと、そういう中で協議をしなければいけないということで、私と市長さん

図表4　主な協定項目の協議内容（抜粋）

基本的協定項目

項　目	協議及び決定内容
1．合併の方式	土岐郡笠原町を廃し、その区域を多治見市へ編入する編入合併とする。 なお、合併協議を進めるにあたっては、対等・平等を基本理念とし、お互いの立場を尊重するものとする。
2．合併の期日	合併の期日は、平成18年1月を目標とする。
3．新市の名称	新市の名称は、多治見市とする。
4．新市の事務所の位置	新市の事務所の位置は、多治見市役所（多治見市日ノ出町2丁目15番地）とする。

合併特例法による協定項目

項　目	協議及び決定内容
5．議会議員の定数及び任期の取扱い	1．笠原町の議会の議員は、市町村の合併の特例に関する法律第7条第1項の規定を適用し、多治見市の議会の議員の残任期間、引き続き多治見市の議会の議員として在任する。 2．在任期間中における議員報酬は、現行のとおりとする。
6．農業委員会の委員の定数及び任期の取扱い	1．笠原町の農業委員会は、多治見市の農業委員会に統合する。 2．笠原町の農業委員会の選挙による委員は、これらの者であらかじめ互選した5名について、市町村の合併の特例に関する法律第8条第1項第2号の規定を適用し、多治見市の農業委員会の委員の残任期間、引き続き多治見市の農業委員会の選挙による委員として在任する。
7．地方税の取扱い	両市町で差異のある税制については、次のとおり取扱う。 1．法人市町村民税の法人税割は、市町村の合併の特例に関する法律第10条第1項の規定を適用し、合併年度及びこれに続く2年度は現行のとおりとし、平成20年度から多治見市に統一する。 2．固定資産税の納期は、多治見市に統一する。 3．軽自動車税の納期は、笠原町に統一する。 4．都市計画税は、市町村の合併の特例に関する法律第10条第1項の規定を適用し、合併年度及びこれに続く5年度は現行のとおりとし、平成23年度から多治見市に統一する。 5．一般廃棄物税埋立税は、多治見市に統一する。
8．一般職の職員の身分の取扱い	1．笠原町の一般職の職員は、市町村の合併の特例に関する法律第9条の規定により、すべて多治見市の職員として引き継ぐ。 2．笠原町の一般職の職員の任免、給与その他の身分の取扱いは、多治見市の職員との均衡を考慮して公正に取扱う。 3．新市の職員数は、定員適正化計画を策定し、定員管理の適正化に努める。
9．地域審議会の取扱い	笠原町の区域に、市町村の合併の特例に関する法律第5条の4の規定に基づく地域審議会を設置する。 なお、地域審議会は、別に定める「地域審議会の設置に関する協議」のとおりとする。

（出所）『多治見市・笠原町合併協議会　合併住民説明会　資料編』13－14頁。

とお願いをしたのは、建前は編入だけど、やっぱり中身の問題は対等の人員でやっぱりしっかり協議をしていただくと、そういう意味で、今坂田委員がおっしゃったような問題はこれからの協議の中で解決できるんじゃないかと」[12]答えている。時間がないので手続きが簡単な編入でやらざるをえないが、お互いの立場を尊重した協議が行われれば、編入でも問題はないというのである。

このほか、本心は新設合併が一番よい。しかし新設合併すれば財政難なのにさらにいろいろとお金がかかるので、編入合併もやむを得ないという発言が笠原町の委員からあった。

基本的協定項目に関しては、「合併の方式」について今見たような若干の議論が交わされているだけである。これに対し、協議が最も難航したのが次に見る「議会議員の定数及び任期の取扱い」である。決着をみるまでに、五回の協議会を重ねたのであった。

この問題に関しては、多治見市議会議員の残任期間につき、編入される笠原町で三名の増員選挙を行う定数特例を適用するのか、あるいは現在の一三名の笠原町議会議員がそのまま引き続き在任する在任特例を適用するのかが、論議の焦点であった。**図表5**は、それまでの議論を踏まえて、事務局がそれらに関する論点を整理したものである。在任特例は主として笠原町の二号委員（議員）によって、定数特例は両市町の三号委員（学識経験者）によって強く主張された。こうした主張が手を替え品を替え、蒸し返されたのであった。そしてまた、在任特例でも合併の趣旨や財政状況を考慮して、報酬は据え置きのままとすることも主張されるに至った。

図表5　議会議員の定数及び任期の取扱いについての議論

区分	在任特例を適用	定数特例を適用
議員としての期間	編入合併であり、失職するのはやむをえないが、自主的な合併を促進するための緩和措置として合併特例法の規定がある。 町民から本来なら4年の任期を託されており、在任特例でも多治見市の残任期間となると1年短くなる。また、3年間の間に選挙を3度行うことの議員本人と町民への負担も大きい。	編入合併であり、失職するのはやむをえない。緩和措置として合併特例法の規定があるが、原則論に近い形を選択すべきである。
財政面での議論	合併による恩恵は両市町が長期にわたり受けられるものであり、また合併当初の様々な経費負担に配慮して国は合併支援プランや交付税の算定特例などの財政支援策を準備している。 一時的な議員の増加は長期的な財政効果から見れば、許される範囲である。	財政難に対応するため合併するのであり、在任特例は、費用面で1年3ヵ月間で定数特例に比べ約1億円余分にかかる。 現在の報酬額に大きな開きがあり、全員が在任し報酬が上がるのは住民感情からも理解されない。
（1年3ヶ月の経費試算）	13名の在任 ○多治見市の報酬の場合　約１億４千万円 ○笠原町の報酬の場合　約６千万円	３名の在任 ○多治見市の報酬の場合　約３千２百万円 ○選挙費用　約５百万円 別途公費負担あり（1人当り約50万円）
不安への対応	今回は編入合併であり、町民にはいろんな面で不安があり、合併当初は今までどおりの議員が必要である。 笠原町の事業が合併後どう進むのか不透明であり、在任して見届ける必要がある。 また、年度末や当初の予算編成や制度調整の重要な時期に、選挙により空白期間ができるのは不安がある。	住民の不安等の解消に13名全員在任する必要があるか疑問である。むしろ1票の格差が大きく議会運営に支障が懸念される。 現在までの合併協定項目の協定案は、かなり笠原町に手厚い内容になっており、全員の在任は必要ないと考える。
民意の反映	編入される町民の先頭に立って町民の意見を伝えてもらう必要がある。 この合併は笠原町だけでなく多治見市のためにもなるものであり、強い立場の人が弱い立場の人を考えることが必要である。	在任特例である場合、多治見市民の理解を得るためには、説明可能な明確な理由が必要である。
新市でのまちづくり		人口バランスから見ても定数特例がよい。 編入する、されるということより、共に新しいまちを作っていくと考えるべきである。 在任特例を適用し、いつまでも旧土岐郡で色分けされるより、早く新市に一体化できるよう定数特例がよい。

（出所）第５回多治見市・笠原町合併協議会資料２－１「議会の議員の定数及び任期の取扱い（前回提出済み資料）」11頁。ただし、「事例」と「その他」は省略。

議論が平行線をたどり、なかなか決着をみなかったので、第七回協議会で四つの調整案につき採決がとられた。第一案は定数特例、第二案は在任特例、第三案は報酬据え置きの在任特例、第四案は事務局によって定数特例と在任特例の折衷案的な意味で提案されたもので、合併後の多治見市議会議員定数を三〇名に条例改正し、旧笠原町の選挙区を六名とした上で増員選挙を行うというものであった。これらにつき第一案から順次に採決が行われ、第一案は賛成六人、第二案は賛成〇、第三案には一五人の賛成をみた。この結果、笠原町の一三名の町会議員は、合併後一年三ヶ月の間そのまま多治見市議会議員としてとどまることが決まった。ただし、報酬は据え置きのままである。

「地方税の取扱い」については、市町村民税の均等割が税制改正により同一となったこともあり、三市一町の合併協議の時とは比較にならない程簡単に合意をみた。なお、前回は決定が先送りとなっていた笠原町の都市計画税導入の件が、今回は決定を見るに至った。

「一般職の職員の身分の取扱い」で、定員適正化計画がうたわれている。これに関連した職員削減計画は、新市建設計画における財政計画との関係で小委員会で検討された。

三市一町の合併協議では、合併後一〇年間で普通会計における職員を二六〇人、見直しの論議の結果ではさらに四〇人を追加した三〇〇人を削減する目標が掲げられた。この目標は、類似団体との比較やモデル定員による検討から算定されたのであった。「しかし、多治見市・笠原町との合併協議では、二団体の合併で人口変動も一割程度であり、類似団体や定員モデルの数値では具体的な比較指標

図表6　一般職員の削減計画

職員削減の目標数

職員削減の目標（普通会計の職員１人当たりの人口を以下のとおりとする）

第一段階（合併後５年以内）	2004年の多治見市の水準（138.2人）
第二段階（合併後10年以内）	20万人都市の優れた水準（約150人）

職員削減数（10年間）

※ 消防と病院の職員を除く

・退職者数（自己都合を含む）	395人
・新規採用者数	260人
・差引削減数	135人

（出所）『多治見市・笠原町合併協議会　合併住民説明会　資料編』31頁。

にし難いことから、職員一人当りの人口を基本に検討を進め[13]」た結果が、**図表6**の一般職員の削減計画である。

少し補足すると、二〇〇四年四月一日現在の多治見市の普通会計における職員数は七五一人で、職員一人当たりの人口は一三八・二人であった。笠原町の場合は、同じく一一九人で九三・七人であった。合計では八七〇人で一三二・一人となる。これを二段階の目標を目指して、職員を削減するというのである。一〇年後の目標である職員一人当たり一五〇人を実現するには、一〇年間に一三五人を削減しなければならない。この間の退職予定者数は三九五人なので、そのためには採用者を二六〇人にとどめる必要がある。そうすると、退職予定者に対する補充率は約六五％となる。

笠原町の区域に地域審議会を設置する「地域審議会の取扱い」に関しては、議会との関係で少し議論になったが、賛成一九名で調整案が採択された。

なお別に定められた「地域審議会の設置に関する協議」に

よれば、審議会の名称は「多治見市笠原地域審議会」である。審議会委員の任期は二年で、「公共的団体を代表する者」「学識経験を有する者」「公募による者」のうちから一〇人以内で市長が委嘱する。[14]

以上、基本的協定項目と合併特例法による協定項目に関して見てきたが、全く触れなかった「すり合わせが必要な協定項目」を含めて、議会議員の定数及び任期の取扱いを除くと、きわめてスムーズに合意を見たのであった。それは主として、三市一町の合併協議を経験していたので両市町の見解がある程度理解されていたこと、とりわけ編入という合併の方式によると思われる。

住民説明会の開催と再確認結果

新市建設計画の策定とすべての協定項目の協議が終了した後の一一月から一二月にかけて、合併協議会主催（両市町共催）の住民説明会が行われた。その目的は、「合併協議に至る経緯や合併後の新市の施策（協定項目、建設計画）の内容を説明し、合併に対する幅広い意見等を聴取する。聴取した意見は、協議会に報告し、必要に応じて建設計画や協定項目の見直しに資する」[15]ためである。

両市町の二三会場（多治見市一三会場、笠原町一〇会場）で行われた住民説明会に、全体で一、二八三名（多治見市七〇二名、笠原町五八一名）の住民が足を運んだ。前回の意向調査に向けて行われた説明会に比べると、多治見市の出席者は一六三名少なくなっているが、笠原町は逆に一九五名増えている。それは、当然といえば当然のことであった。

ところで今回の説明会に関しては、協議会委員で構成する「説明会検討委員会」が設置され、説明会の内容や当日配布する資料などの検討が行われた。

その結果、説明会の内容が両市町の会場にふさわしいように、説明内容の骨子に会場別の配慮が加えられた。たとえば多治見会場では、笠原町の紹介とともに、「笠原町との合併で負担が増すとの意見もあることから、むしろ合併は双方に効果があることを重点的に説明する」。これに対し笠原会場では、「合併効果や主要事業については、町財政の見込みも含めて、十分説明する。・笠原町の制度は大きく変更することから、合併協定項目を重点的に説明する。また、公共料金について、標準世帯の負担の比較をモデル的に示す。・笠原町が寂れてしまわないよう配慮した地域振興策について、個別に説明する」[16]というのである。

また、当日の配布資料として概要編と資料編の二冊が準備されたが、『明日のまちへ　多治見市・笠原町合併住民説明会（概要編）』は三市一町合併協議の説明会資料と比べ、非常にコンパクトで大変わかりやすいものとなっている。

このほか、当日の司会進行は協議会の二号委員（議員）がつとめ、建設計画の説明は小委員会委員、協定項目の説明は小委員会に属さない三号委員（学識経験者）によってそれぞれ行われた。住民の質問に対しても、可能な限り協議会委員が応えた。

図表7　住民説明会等で多かった意見と再確認結果

		意見内容	確認結果
新市建設計画関係	主要施策について	「道の駅・日本タイル村」は箱モノであり、必要性に疑問がある。	現行のとおり
		「住基カードとタウンカードの連携」事業は、利用が見込まれず主要事業から除外してほしい。	
	財政計画について	特例債は必要最小限にとどめ、有効的に活用してほしい。	現行のとおり
協定項目関係	第5号　議会議員の定数及び任期の取扱い	在任特例を見直し、定数特例とすべきである。	現行のとおり
		在任特例後の最初の選挙（H19.4）は定数特例とすべきである。	
	第13号　事務組織及び機構の取扱い	笠原庁舎に振興事務所を設置することは、行政組織の合理化に反するのではないか。また、設置の期限を決めておく必要がある。	現行のとおり
その他	意向調査等の実施	住民投票や意向調査を実施すべきである。	実施しない

（出所）多治見市・笠原町合併協議会事務局『多治見市・笠原町合併協議会だより』第6号、2005年2月1日、3頁。

以上のように、住民への広報のあり方が問題となった前回の合併協議を踏まえてのことと思われるが、説明会の開催についてさまざまな工夫が試みられたのであった。

さて、このようにして住民説明会が行われたのであるが、その会場で出された質問や意見に加えて、はがきや電子メールで寄せられたもの、さらには多治見市各界各層からの意見をも含めたものが、事務局によって『合併協議に関する質問・意見』として、項目別と聴取方法別とに分けて整理されている。そしてまた項目別の中で、事務局が特に慎重に取り扱うべきだと考えたものが、「合併協議に関する意見についての考え方」としてまとめられている。これには、「意見」に対する「事務局の考え方」と「理由」が付されている。

議会議員の身分等については協定項目の最後に廻されたが、[17] 合併協議会はこれらを参考にして、第一〇回と一一回の会議で協定項目の順番にしたがって、一つひとつ確認作業を行ったのであった。

住民説明会等で多くの意見が出たものに対し、確認作業の結果がどうであったかを示したものが**図表7**である。すべてが「現行とおり」で、見直しは何ひとつ実現しなかった。

ところでこれらに関して、どんな議論が展開されて「現行とおり」の確認結果となったのかを以下で述べたいのであるが、残念なことに若干なりとも議論らしい議論が交わされているのが「住基カードとタウンカードの連携」事業、議会議員の定数等ならびに意向調査等の実施の件にとどまる。このため参考までに、先ほど述べた「合併協議に関する意見についての考え方」から、関連するものを抜粋したものが**図表8**である。議論がなかったのは、事務局の**図表8**のようなとりまとめに恐らく異議がなかったからであると思われる。

さて、確認作業で交わされた論議を簡単に紹介するとこうである。

まず住基カードとタウンカードの連携事業については、「新市の主要事業、『住基カード、タウンカード連携』事業の取り下げを求める意見書」の中で、カードの利用者が非常に少ないのにどうして多額の投資をする必要があるのか、またプライバシーの問題が指摘されているが、これらのことをどう

図表8　合併協議に関する意見についての考え方（抜粋）

意　見	会　場　等	事務局の考え方	理　由
「道の駅・日本タイル村」は箱モノであり、必要性に疑問がある。	南姫　小泉 滝呂　栄 意見箱（北栄） 要求書	変更なし	笠原町の総合計画に掲載されてきた事業で、新市においても必要な事業として掲載したものである。ただし、新市において規模、管理運営体制等を検討組織として設け、検討することとしている。
「住基カードとタウンカードの連携」事業は、利用が見込まれず主要事業から除外してほしい。	小泉　市之倉 精華 多治見市各界各層 メール	変更なし	将来的には、在宅により各種申請、証明等をめざす電子自治体への対応の一環であり、新市として必要な事業である。
特例債は必要最小限にとどめ、有効に活用してほしい。	共栄　栄 多治見市各界各層 はがき 意見箱（市之倉）	変更なし	使途については、両市町の総合計画に掲載されている事業から新市に必要な事業を選択して掲載している。
在任特例を見直し、定数特例とすべきである。	平園　南姫 池田　滝呂台 北栄　昭和 小泉　市之倉 滝呂　共栄 栄 多治見市各界各層 はがき メール 意見箱（根本） 意見箱（北栄） 意見箱（滝呂） 要求書	再協議	特に、多治見市民から多くの意見が寄せられている。
在任特例後の最初の選挙（H19.4）は定数特例とすべきである。	平園　神戸 富士　釜 向島　音羽 上原　栄	再協議	特に、笠原町内から多くの意見が寄せられている。
笠原庁舎に振興事務所を設置することは、行政組織の合理化に反するのではないか。また、設置の期限を決めておく必要がある。	根本　南姫 富士　小泉 多治見市各界各層	変更なし	合併時の不安解消、サービスの低下にならないよう設置するもので、期間は新市の一体性が整うまでの間とする。
住民投票や意向調査を実施すべきである。	平園　根本 北栄　昭和 市之倉　脇之島 養正 梅平　向島 上原　栄 多治見市各界各層 はがき　メール 意見箱（平園） 意見箱（昭和） 要望書	実施しない	笠原町から多治見市に合併協議の申し入れ後、多治見市では各種団体の代表者から意見を伺ったが、問題ないという回答を多く得ている。一方、笠原町では1,851名の署名や区長会からの合併協議推進の要望があり、また7月には住民説明会で意見を聴いたが、合併反対の声は少なかった。このような状況の中で、両市町においては、合併そのものについては、意見が2分される議論はなされておらず、実施する必要はないと考える。

（出所）第10回多治見市・笠原町合併協議会の資料3-1「合併協議に関する意見についての考え方」。

考えるのかという質問が出された。

カードの利用が少ないのは、現在の住基カードの機能が住所など四つの基本情報に限定されているからである。これを図書館の利用者カードに使えるようにするなど、多くの機能を加えることを多治見市は計画している。また個人情報が漏れるという心配に関しては、政府が絶対安全だと言っているし、漏れるような状況が懸念されれば、独自にネットワークを切断するなど多治見市は慎重に対応していくということを、多治見市の助役が応えている。

これに対する反対意見はなく、むしろ多治見市の電子政府の実現に向けた先駆的な取り組みを評価し、「これ（情報漏えいの問題—引用者注）を心配して、これ（カードの連携事業—引用者注）をやってくれるなというご意見には、私は賛成をいたしません」[18]という発言が見られる。

議員の在任特例に関しては、説明会で多く出た住民の発言に基づいて、定数特例でいくべきだという意見から実質的な見直し論議が始まったのであるが、その前に多くの時間が協議会に提出された文書について費やされた。その文書とは、多治見市議会議員有志一同による「在任特例の見直しと再議を求める申し入れ」（以下「申し入れ」と言う）である。

この「申し入れ」によれば、「この間に開催された市内の住民説明会では、多くの市民・町民の皆さんから在任特例の採用や笠原選挙区の設置について疑義や見直しなど再議を求める意見が出されており」、「私たちは市民の意見を尊重する上からも、在任特例採用や議員身分の問題について見直しと再議を行うことは当然と考え」(19)て、市議会議員二四名中一五名の議員の連署によって提出された。

ところがこれに対しては、代表者の名前が書かれていない、「こんな無責任な書類をよく受け取られたことよ」という批判。自筆でなくワープロかパソコンで作成してある氏名は署名でないし、この「申し入れ」に記載してある本人に確認したところ、署名も押印もしていないと言っており、「まさに不実記載の文書であって、偽造の文書であると申しても過言ではない」という意見。こんな文書が出回ることは、「多治見市議会の私は恥やと思う」などといった、手厳しい言葉が飛び出している。

住民の声を協議会に反映したいと思ってなされたのであろうが、見識が疑われるような文書であったがために、多くの批判を招くことになった。それればかりか、在任特例を見直すべきだという住民の意見が、それによって逆に影の薄いものとなってしまったような感じさえする。事実、前に決定した時よりも一名多い一六名の賛成で現行とおりとすることが決まったのであった。

住民意向調査をする必要がないという事務局の考え方に対しては、「まずいろんな意見が出てきておるわけですが、三市一町のときになぜ多治見市が反対が出たのか、今回編入合併の場合はなぜ反対が出ないのかという素朴な疑問とか、笠原町で説明会とかいろんなことがあったわけですが、結局この間も協議会の決まったことについてのみの説明会であると。だからそれは報告会じゃないかという、非常に意見が私どもの方に来ております。ですから、いろんなことで自分の合併に対しての意見を述べる場所が一つもないと。だから協議会ではなぜ住民投票、意向調査なりをしないのかという意見が非常に出てきております。（中略）

それと、この間の資料によりますと、一、七〇一名という方の意向調査なりをしてほしいというような要望がありましたので、やはりこの際今の在任特例の一三人がどうのこうのということがあれば、それも含めて私は住民意向調査をしていただきたいと思います」[20]という意見が出された。

しかしながら、三月までの特例法の期限を考えると、それを行うことは時間的になかなか難しいという事務局の発言や、「今回ばかりは問題がない合併であるということで私はしないことに賛成したいと思います」[21]という意見などは出たものの、意向調査を求める意見は他に出なかった。

以上で、新市建設計画を含むすべての合併協定項目の協議が正式に終了した。残す実質的な手続きは、両市町議会における合併議決だけとなった。

合併議決

多治見市と笠原町の合併にかかわる議案は、「多治見市及び土岐郡笠原町の廃置分合について」、「多治見市及び土岐郡笠原町の廃置分合に伴う財産処分に関する協議について」、「多治見市及び土岐郡笠原町の廃置分合に伴う議会の議員及び農業委員会の委員の経過措置に関する協議について」、「多治見市及び土岐郡笠原町の廃置分合に伴う地域審議会の設置に関する協議について」の四つの議案からなる。両市町とも一月末の同日ではないが臨時会を開催し、四議案とも起立多数で原案の可決成立をみた。

合併議案に関する両市町議会の審議状況を、討論を中心にみてみると次の通りである。

笠原町議会から取り上げると、その質疑の中で問題となったのは、多治見市において住民の負担が今後どのように予定されているのかということと、笠原町の町有土地をなぜ財産区として残さなかったのかということである。前者のことが取り上げられたのは、合併しないと今までのような住民サービスができないか、もしくは住民負担が増えるとの説明により、多くの住民は仕方なく合併を選択している。しかるに編入先の多治見市では、ごみ袋の値上げなど住民の負担増が目白押しのためである。多治見市では四年ごとに料金の見直しが行われていることが、答弁されている。後者の町有土地を財産区を設置せずに多治見市に引き継いだことに関しては、新市の一体化と、財産区をつくっても経費がかかってあまりメリットがないことが言われている。

討論は、賛成・反対各一人によって行われた。

まず反対討論であるが、編入合併に「反対の最大の理由は、地方自治の本旨に基づかないやり方で、笠原町を廃止しようとしているからであ」[22]ると言う。これは要するに、住民投票なり意向調査が行われないので、笠原町民自らが合併の是非を判断できないまま合併が進められていることへの批判である。

このほかの反対理由としては、まず合併の根拠にかかわることである。町長は、一方では財政的にやっていけないと言いながら、他方では地場産業があるので他の自治体と財政的にひけを取らないというなど、一貫性がない。また、産業基盤や生活圏が一体であっても、それは合併の普遍的な根拠とはなりえない。次に、住民にとってメリットよりデメリットが多い。合併すると多治見市の周辺部となり、利便性が低下し、町の中心部がさびれる不安があるほか、一世帯平均約一七、〇〇〇余円の負担増となることがデメリットとして指摘されている。さらに、三市一町合併が破綻してからわずかに一年しか経過していないという駆け込み合併である。このため、今後のまちづくりや暮らしに及ぼす影響に不安がある。

以上のような反対討論に対し、賛成討論では町財政、さらに言えば住民サービスの観点から合併の必要性が強調されている。高齢者の増加という人口構成の変化や、景気低迷による税収減が町財政に及ぼす影響を考えれば、これまでとおりの住民サービスの提供は不可能である。それゆえ、「統合によるスケールメリットの効果を期待すれば、今となっては、単独で生き残るよりも、住民に対する負担や犠牲の度合いが遥かに軽減されるのは明白であ」[23]ると言うのである。

このほか、歴史的な背景や日常生活の結びつきから多治見市笠原町になることに違和感がない。また、合併の意図は住民に理解されてきているので、合併に関する住民の意思確認は必要がない。さらに、いろんな議論がこれまで展開されてきたが、両市町にとって合併が得策であるとの判断から協定書の合意をみたことにも触れている。

そして「以上、縷々申し上げましたことを総合的に判断しますと、本臨時会に提案されております合併に関する事案について、何ら反対する大きな理由も障害もないと思っております。私は、合併の是非の議論はもうここらで終止符を打ち、合併は将来をバラ色にするものでは決してありませんけれども、逆にこれをチャンスととらえ、多治見市の一地域として共に議論しアドバイスもいただきながら、合併特例債の真の有効活用を図りながら、今後の笠原地域をどう改革し発展させ活性化を図り、いかに住民サービスを提供していくべきかを、この議論の方に重点を移すべきだと考えます」(24)という言葉で賛成討論を結んでいる。

次は、多治見市議会である。ここでは本会議だけに限定する。

質疑としては、住民投票と議員の在任特例に関して交わされた。住民投票については、さまざまな観点から質問が展開されたが、要するに今回はなぜ住民投票なり意向調査が行われなかったのかということである。これに対する回答は、後で見る通りである。次の在任特例については、在任特例に対する市長の考えを問い、また在任特例が市民の意見を本当に反映したものと考えているのかなどの質問が出された。これらに対しては、協議会の結論にしたがって合併協定書に署名した者として、この結論と違うことを言うわけにはいかない。また協議会は、説明会などで出た市民の意見を踏まえて結論を出したとの回答がなされている。

なお在任特例に関連した質問で、在任特例終了後の二〇〇七年四月の選挙における選挙区と定数が問題となっている。これに対しては、合併協議会で特別議論になっておらず、今の多治見市の制度が続く、つまり議員定数は二四名であるとの答弁が行われている。

討論について言えば、反対討論が二名（うち一名は議員の在任特例の議案のみに反対）、賛成討論が三名の議員によって行われた。

なぜ反対なのか。借金をいつまでも残すことになるばかりか、誰のために使われるのか疑問である「合併特例債目当ての合併であること」[25]と、住民投票抜きの合併であるためである。四つの議案のうち在任特例の議案に反対する理由として主張されているのは、人口割の三名こそ対等・平等であるということである。

三名の賛成討論のうち、一名のものは合併の必要性として一般的に言われていることを述べているにすぎない。残る二名の賛成討論は、次の通りである。

今回の合併は両市町に、「合併後一〇年間で国や県から合併特例債を初めとする約三〇七億円の財政的支援」[26]という大きなメリットをもたらす。これによって多治見市の財政悪化を食い止めるとともに、「創造都市」建設の契機にしたいからであると言う。しかしながら、地域審議会の設置に関しては懸念が表明されている。[27]

乳幼児医療無料化対象児童の年齢拡大が、その財源をどうするかの議論もなく唐突に計画に入れられたことや、住基カードとタウンカードの連携事業、議員の在任特例など問題点も多くある。しかし、四つの議案を一つのものとして賛成したが、その理由として次の四つのことが列挙されている。

ひとつとして、多くの笠原町民が多治見市との合併を望んでいる。次に、編入合併であるし、日常的な交流から、多治見市民もそれを受け入れる気持ちを持っている。三つ目に、笠原町が電源立地促進交付金の交付金を受けていない。そして最後に、合併特例債の使い方に十分ではないがそれなりの配慮が見られる。(28)

以上のようにして、両市町議会で合併議決をみたのであった。あとは、二〇〇六年一月二三日の合併を迎えるだけとなった。

第二節　問題点

なぜ合併なのか

多治見市が笠原町を編入合併するまでの経緯は、以上の通りである。以下、問題と思われる点を三つ取り上げてコメントを加える。

本章の冒頭でも触れたように、笠原町の編入合併が具体化したのは、二〇〇四年五月一〇日に笠原町長が多治見市長に合併協議の申し入れをしてからである。この申し入れについて、多治見市議会における多治見市・笠原町合併協議会の設置に関する議案の賛成討論で、「その決断と勇気を高く評価したいと思います。特に、申入書にある地方分権による新たな自治を確立すること、広域的なまちづくりを目指すという理念、目的を真摯に受け止めたいと考えます」[29]との発言が行われている。

私は「決断と勇気」を評価する前に、一万人を超える人口を擁し、財政力も全国平均の町村よりもはるかに高い笠原町なのに、どうして合併せずに単独でまちづくりを進めないのか、という思いがしたのであった。人口が一万人以下で、財政力指数が〇・五に満たなくても、合併せずに単独でまちづくりを進めるまちがいくつもあるからである。この点、住民説明会の際に配布された「資料編」に掲載されている両市町の「主なサービス比較」を見る限り、そのあまりにも大きな差違に驚いたものである。とりわけ、どちらかの市町で制定されている「特徴のある条例[30]」のすべてが、多治見市のものであったことに寂しい思いがしたのであった。

さて、なぜ合併なのか。笠原町が主として将来の財政的な不安から合併に踏み切ったことは大体推測できるので、ここでは多治見市がなぜ笠原町の編入合併を受け入れるに至ったのか、多治見市でどんな議論が交わされたのかを見てみたい。

笠原町長から合併協議の申し入れを受けた時、多治見市長は個人的には笠原町との合併協議を進めたいと考えていることを表明した。これを取り上げた市政一般質問に、「今回の場合は、三市一町の合併と違いまして、規模の大きな市と小さな町の合併でございまして、多治見市にとって、三市一町の場合、問題になりましたような、名前が変わったり、あるいは多治見市の独自な政策が行えなくなるといったような、多治見市が大きく変わるというようなデメリットや不安が少ないということもございますし。一体的な行政運営による合理化効果や一体的な都市計画によるまちづくりの推進等、長期的な視点での合併のメリットが生かせること、あるいは、特例債を中心とした財政支援が受けられること等、メリットは大きいというふうに思っております」[31]と多治見市長は応えている。笠原町との合併はデメリットが少ないのに、財政支援などメリットが大きいからだというのである。

また住民説明会の際に、合併協議会によって準備された「よく寄せられる質問」のQ&Aが映像で流されたが、多治見会場では次のようなQ&Aが取り上げられた。

「多治見市にとって合併のメリットはなんですか」というQに対するAは、「多治見市が現在かかえている様々な課題について、今後の財政見通しでは十分に対応できません。合併による国、県からの財政支援や経費削減によって生まれた経費を使って、都市基盤や少子高齢化等への施策が実施でき、一層のまちづくりの促進が期待できます」というのであった。

以上のように、多治見市にとっては国や県からの財政支援が合併の大きな目的であった[32]。この点では、笠原町からの合併協議の申し入れは、多治見市にとってまさに渡りに船であったと言ってよい。ところが多治見市民の合併賛成の理由としては、「笠原町を助けてあげるために、反対はできない」とか、「笠原町が気の毒だから合併する」という思いが強かったと言われる[33]。そのために笠原町議会でも、「笠原町がやっていけないから多治見に頼みに来たと、だから多治見市が仕方がないから受けてやった」[34]という一部多治見市民の感覚が取り上げられている。それというのも、編入合併という合併の方式と、財政論に終始した平成の大合併のためであると思われる。

さて、私はもう一〇年以上も前のことになるが、笠原町との合併問題について次のようなことを考えていた。

「笠原町の合併問題は、もちろん笠原町民が決めることである。タイル産業の発展に支えられ、財政基盤もそれなりに確立しているので、合併せずに行くのもよい。下水道や道路の社会資本の整備、県立高校の誘致、笠原町のイメージアップなど、笠原町の将来の発展を考慮して多治見市との合併を希望するのもよい。笠原町民の総意として多治見市との合併が表明されれば、多治見市は過去の経緯に固執せず、誠意をもって応えるべきである。面積がわずか一三・四六平方キロメートル、人口一万三、〇三八人の笠原町との合併であれば、住民自治の後退をそれほど心配する恐れはないと思われる」[35]。

住民自治の観点からすると、以上のように三市一町の場合と笠原町とでは大きく違う。また、多くの笠原町民が多治見市との合併を望み、そしてまた多くの多治見市民がそれを受け入れるのであれば、合併したらよい。しかし、合併特例債を目的とする合併であれば、私は賛成しかねる。

しかしながら今日に至っては、これから多治見市の人口が減少していく中で、新しいまちづくりに一緒に汗を流す市民が一万人余も加わってくれたことに最高の意義を見い出せるような合併であって欲しいことを願うものである。

議員の在任特例について

多治見市への編入合併により失職する笠原町議会議員の在任特例が、三市一町合併協議の時と同じように認められた。ただし、議員報酬は据え置きのままである。同じ多治見市議会議員でありながら、議員報酬が違う議員が誕生することになる。

三市一町合併問題に関する笠原町の住民説明会では、なぜ在任特例なのかという住民の質問に対し、議員は「一七年からは財源の取り合いになる。一三人で笠原に有利にするためにも賛成である」[36]、「即選挙も正しい答えであるが在任は笠原に残された最大の武器である」[37]と応えていた。

しかし今回は、そうした声は聞かれなかった。合併協議会でも「一三人が一つになって、一つに固まって予算の分捕りとか利益の誘導、それに走って議会運営を混乱させたり、市政を混乱させへんかという」[38]住民の心配が、笠原町選出の協議会委員にぶしつけに投げかけられたが、そうしたことはありえない旨の返事がなされている。

そして今回大変強調されていることは、合併後に直面するであろう町民の生活上の大きな変化とそれへの対応の必要性である。

多治見市への編入合併によって、つまり多くのことを多治見市に合わせることにより、笠原町民は大きな生活上の変化に直面する。しかるに「町民の話を聞いていますと、合併しないとやっていけれんらしいからしゃあないねと、合併するしかないねという話だけで、本当に中身まではわかっていないと思」[39]われる。したがって、議員が在任特例することによって、合併後の住民の不安や意見に対応していく必要があるというのである。

しかしながら町民が、議員の在任特例を希望していたかと言えばそうでもない。笠原町の区長会を代表して協議会委員となっている人から、当初は八区長全員が定数特例、今の段階では一名を除く七名の区長が定数特例でよいということが報告されている。そして本人が所属する区のことについても、三〇名の町内会長のうち定数特例が二六名、在任は一名、中立が三名であったと言う。これでは、私も「どう考えても民意というのは定数ではないか」[40]という委員の発言をもっともだと思う。したがって町民の総意によれば、定数特例にすべきであった。

次の問題は、同じ多治見市議会議員であるのに議員報酬が違うことである。従前の多治見市議会議員の報酬（月額）が四九万円であるのに対し、在任特例の笠原町議会議員はその半分以下の二一万三、〇〇〇円である。言うまでもなくこれは、在任特例に対する住民の厳しい批判を背景に、経費削減を考慮して導入された措置である。

しかしながらこれに関しては、「笠原町の議員が市議会議員として同じ仕事をする以上、同じ報酬であるべきである」[41]という意見が笠原町の住民説明会でも出されたように問題である。在任特例であれ何であれ、同じ市議会議員として、住民の福祉の向上と新しい多治見市の発展に貢献するに、議員間に差をつけるようなことは望ましくないし、すべきではないと思う。

とはいえ、多治見市の四九万円に足並みをそろえることを主張しているわけではない。笠原町議会議員の報酬を据え置いた時と同じ経費削減効果をもち、しかも同一の報酬になるようにしたらよい。この場合だと、三九万三、〇〇〇円である。つまり、多治見市議会議員の報酬を一〇万円ほど下げ、笠原町議会議員の報酬を一八万円上げることである。

このことが、合併協議会でも多治見市議会でも全く論議されていないのは大変残念である。在任特例を認めるならば、多治見市議会はそれくらいの度量を持ち合わせて欲しかったと願うのは、私だけではなかろう。

住民投票について

多治見市と笠原町との合併協議に際しては、当初から住民投票あるいは住民意向調査が大きな関心を呼んだ。行政がいくら合併を推進しても、住民の総意によって破綻する現実を目のあたりにしたばかりだったからである。

多治見市・笠原町合併協議会の設置を議決した六月の多治見市議会では、次のような質疑応答が交わされた。

「前回、三市一町の合併協議会で市長さんがこだわっておられた住民投票、または、あるいは住民意向調査は、そういうことも踏まえて今回はやられるおつもりなのか、やろうとしておられるのか、やらないのか、ちょっとお聞かせ願いたいです[42]」という質問に対する市長の答弁は、「先ほども申しましたように、大方の多治見市民の皆さん方に御理解がいただけていると思いますし、今後ともそれをもちろん我々もお話をしながら、皆さん方の疑問等に答えていかなければならないわけでございますが、三市一町の合併の際に、市民の皆さんが示された意見、反対の意見というのは、今回の場合については、ほとんどクリアできているのでは、必然的にできるのではないかというふうに思っておりまして、時間的な問題もございませんで意向調査等は行わないで、皆さん方に御理解いただきたいというふうに思っております[43]」というのであった。

つまり、多治見市が各界各層から意見聴取をした結果によると、九割の方が「笠原町との合併について特に問題がないと考える」ということであった。このように、多くの多治見市民が笠原町との合併に理解を示している。また、三市一町合併の際に問題となった多治見の名前が消えたり、多治見市独自のまちづくりができなくなるといったことは、問題とはならない。さらに、合併特例法の適用を受けるには二〇〇五年三月三一日までに知事に申請する必要があり、それには住民投票を行う時間がない。

ほぼこうしたことから、現段階では多治見市長は笠原町との合併協議に関して住民投票を行う考えはないというのである。私は、合併問題のように住民にとって非常に重要な問題は、一般的には住民投票をすべきであると考えるけれども、最後の時間がないということを除くと、この西寺市長の見解は理解できる。

いかに時間へのこだわりがあるかは、次の答弁にもよくあらわれている。もし住民投票を求める住民の直接請求がなされた時の対応について、市長は「仮定の話として直接請求が出たらどうするのかというお話でございますが、今までそれを考えてはおりませんでしたけれども、現実の問題として、例えば市民投票条例をつくって、それに基づいて投票までに至るまでの時間から考えまして、それは不可能であろうというふうに思っております。したがって、もし直接請求が出てまいりましても、それは反対の意見をつけざるを得ないだろうなというふうに思っております」(44)と応えている。

しかしながら、時間がないという理由で住民投票に反対するのは、あまり説得力がない。合併特例債などの財政支援が目的の合併である以上、それはなかなか譲れないであろうが、そもそもそういうスケジュールで合併協議を始めたことに問題があるのである。したがって、住民の総意に基づいて合併協議を進める限り、住民投票をしない理由として時間の問題をあげることには賛成しがたい。

そしてまた、笠原町で行われた住民説明会の報告を掲載した広報紙『かさはら』には、「現段階では、住民意向調査を行わないことで多治見市長と合意しています」(45)とある。もしこれが、各市町とも住民意向調査を実施しないということであるとすれば、残念に思う。編入する多治見市はともかく、編入される笠原町では住民投票が行われ、住民の総意として多治見市と合併してもらいたかったと思うからである。

以上、笠原町の多治見市への編入合併をみてきたのであるが、それは財政問題がらみであり、合併協議が破綻した後の新たな枠組みでの合併である。したがってそれは、いかにも平成の大合併を象徴する合併であった。

〔注〕

(1) 五月一〇日から九月七日までの間に市民から寄せられた意見は、わずか二〇件にすぎなかった。

(2) これについては、多治見市企画課合併問題担当によって「各界各層意見聴取結果の概要について」(平成一六年六月一五日)としてまとめてある。

(3) この聞き取り調査が「民意だとするなら、極めて正確性に欠けるものだし」、「この調査で、市民に説明した市民の声を聞いたという既成事実にされては困ると多くの調査を受けた方々が感じとられてお」ることが、議会でも取り上げられている(『平成一六年第三回多治見市議会定例会会議録』一六八頁)。

(4) 『平成一六年第三回多治見市議会定例会会議録』二二一頁。

(5) 『平成一六年第三回笠原町議会定例会会議録』二―七頁。

(6) 大学教授枠がなくなったのは、「今回は既に新市の建設計画の策定についてといったことについてのノウハウが、前回の協議の中で職員にも随分知識経験されている」(『平成一六年第三回多治見市議会定例会会議録』三二頁)ためと言うのであるが、「この前の学識経験者はとにかくひどいのが出てきて、これは私もあきれたようなのが出てきて、私が協議会、委員会に出ていたのが七〇回くらいは出ていったやつに五、六編《(ママ)》出てきたかしらんけども、地方に審議会をつくれとかわけのわからんことを言って、この合併は行き詰まりますよ、こんなことじゃだめです、方向も言わずに、要らんことばっかりパッパッと言って、世の中知らん学者が来て、ええ加減なことといって帰っていきよった」(同上、四〇頁)という手厳しい批判が多治見市議会で交わされている。

(7) 『第二回新市建設計画作成小委員会　会議録』一一七頁。

(8) 『第八回多治見市・笠原町合併協議会　会議録』八頁。

（9）『第四回新市建設計画作成小委員会　会議録』一三頁。
（10）第五回新市建設計画作成小委員会会議の資料一「第四回新市建設計画作成小委員会主な意見」の三頁。
（11）第四回新市建設計画作成小委員会会議の資料一「第三回新市建設計画作成小委員会主な意見」の二頁。
（12）『第一回多治見市・笠原町合併協議会　会議録』一三頁。
（13）第三回新市建設計画作成小委員会会議の資料三「合併効果の検討について」の四頁。
（14）二〇〇五年九月三〇日に締め切ったが、募集人員一人に対し一人の応募があった。
（15）第七回多治見市・笠原町合併協議会の資料四「住民説明会の開催方法について」の一頁。
（16）第八回多治見市・笠原町合併協議会の資料四「住民説明会の開催について」の二頁。
（17）「合併協定項目の再確認について」の議題に入る前に、多治見市議会議員有志一同から会長あてに提出された「在任特例の見直しと再議を求める申し入れ」が取り上げられ、問題となった。この申し入れが多治見市議会議員二四名中一五名の連署で出されたものだけに、この問題を最優先して取り上げるべきだという意見が出された。しかし採決の結果、この問題は十分時間をとって議論するため最後にまわしたいとの事務局案が採択されたためである。
（18）『第一〇回多治見市・笠原町合併協議会　会議録』三二頁。
（19）第一〇回多治見市・笠原町合併協議会の資料一当日追加分の二頁。
（20）『第一一回多治見市・笠原町合併協議会　会議録』一八頁。
（21）同右、一九頁。
（22）『平成一七年第一回笠原町議会臨時会会議録』。頁がつけられていないため、何頁かは明らかでない。
（23）同右。
（24）同右。
（25）『平成一七年第一回多治見市議会臨時会会議録』一九頁。
（26）同右、一七頁。
（27）「地域審議会の設置によって、山岸俊男が指摘する、いわゆる『社会的ジレンマ』が生まれ、結果としてハーディンが懸念する『コモンズの悲劇』が起こらないとも限りません」（『平成一七年第一回多治見市議会臨時会会議録』一七頁）と言うのであるが、私はこれをよく理解できない。
（28）合併特例債の使い方について、「極力合併のイベント、目玉的箱もの施設の建設を排除しようとする姿勢がみられること」

(同右、一八頁)が言われている。
(29)『平成一六年第三回多治見市議会定例会会議録』二二二頁。
(30)そこには、「美しい風景づくり条例」や「環境基本条例」「子どもの権利に関する条例」など、一一の条例が列挙されている。
(31)『平成一六年第三回多治見市議会定例会会議録』一四七頁。
(32)そのためなのか、合併特例債に対する気配りが目立つ。たとえば住民説明会における「よく寄せられる質問」では、「Q合併特例債は借金に変わりはなく、問題があるのではありませんか?」「A合併特例債は、返済時に七割が国で負担されるという有利な借金です。借金だからといって否定するのではなく、何に活用するかが重要です。特に、今後は、財源不足から多くの事業が延期になったり、規模の縮小が見込まれていますので、特例債の活用は、まちづくりに大きな効果があると考えています」という形で取り上げられている。また、特例債の説明を市民にきちんとする必要があるのではないかという議員の質問に対し、助役は「交付税という世界は地方の独自の財源でございますので、その独自の財源を我がまちのために有効に使わなければ市民にとって申しわけないというのが我々の立場でございます」(『平成一六年第三回多治見市議会定例会会議録』四一頁)と述べて、いかにも特例債を地方交付税そのものと同一視するかのような発言がみられる。
(33)『平成一六年第六回多治見市議会定例会会議録』三〇〇頁を参照。
(34)『平成一六年第六回笠原町議会定例会会議録』一一—六頁。
(35)拙稿「地方定住と広域市町村圏(その五)—岐阜県東濃西部地域広域市町村圏の場合—」『愛知県立大学外国語学部紀要(地域研究・関連諸科学編)』第二五号、一九九三年、一五五—一五六頁。
(36)『笠原町市町村合併地区別説明会 質疑応答記録書〈音羽区公民館〉』。
(37)『笠原町市町村合併地区別説明会 質疑応答記録書〈消防会館第一会議室〉』。
(38)『第七回多治見市・笠原町合併協議会 会議録』一二頁。
(39)同右、九頁。
(40)『第一一回多治見市・笠原町合併協議会 会議録』九頁。
(41)第一〇回多治見市・笠原町合併協議会の資料三—三「合併協議に関する質問・意見(聴取方法別)」三一頁。
(42)『平成一六年第三回多治見市議会定例会会議録』三三—三四頁。

(43) 同右、三四頁。
(44) 同右、四五頁。
(45) 『かさはら』No.五五一、二〇〇四年八月一日。

終章　合併問題から見えた日本の地方自治

私は、自分が住む多治見市の合併問題を中心に、平成の大合併を見つめてきた。その過程で、日本の地方自治の現状について考えさせられることが多々あった。そのいくつかを、合併問題から見えた日本の地方自治として、ここに述べておきたい。

第一節　情報公開・情報提供について

平成の大合併と情報公開・情報提供の進展

近年、小さな町や村も含めて、多くの自治体で情報公開条例が制定されるに至った。また自治体によっては、市町村議会の会議録や審議会などの付属機関の会議録にもインターネットでアクセスできるようになった。

平成の大合併のもとで、行政によるこうした情報公開・情報提供の流れがさらに加速された。

例えばこうである。合併関係市町村が合併協議を行う合併協議会は、その小委員会を含めて公開で開催された。そしてその審議状況は、「協議会だより」やホームページで逐一住民に伝えられた。関係市町村の広報紙も、合併関係の記事を絶え間なく掲載した。合併に関する住民説明会が、学区や地区で繰り返し開催された。住民投票や意向調査に際しては、合併関係資料が全戸に配布されるなど、合併関係の情報は積極的に住民に流され、情報公開・情報提供が著しく進んだ。

それというのも、合併問題は住民に大きな影響を及ぼすために、住民は無関心でいられないし、意思決定に必要な判断材料を必要とする。行政としても、住民の総意に基づいて合併協議を進めるためには、住民にできるだけ周知徹底させる必要があるからである。

かくして、平成の大合併のもとで情報公開・情報提供が格段に進展したのであった。合併問題はともかくとして、この点では大変好ましい事態が進行したと言えるし、昭和の大合併とは大きく違う点である。

しかしながら、合併問題を調査研究してきた私からすれば、情報公開、情報公開と耳にタコができるほど言われる割には、一体どうなっているのかという思いに駆られたこともあった。また、いかに行政に有利な一方的な情報が提供されているのかという、時には憤りさえ覚えたことがあった。

ここでは、私が直面したいくつかのそうした事実を紹介したい。

利用しにくい市町村議会の会議録

合併問題に関して、合併関係市町村が合併協議をする合併協議会の設置を決めたり、合併協議がうまくいって合併を最終的に決めるのも自治体議会である。あるいは合併協議がうまくいかなくて、合併協議会から離脱したり、その解散に際しても議会の同意がいる。また議員の一般質問の中で、合併問題がさまざまな観点から取り上げられる。さらには、合併に関する住民投票条例の制定も議会で決められる。したがって私は、各地に出かけて多くの自治体議会の会議録に目を通した。

会議録は自治体の議会事務局のほかに、図書館や庁内の情報資料室で閲覧することができる。そして一般的には、議会事務局よりも図書館や情報資料室の方が落ち着いて閲覧できる。ただし情報資料室は、かなり大きなまちでないとあまり整備されていない。これに対し図書館は、小規模なまちにも立派な図書館が見られるようになった。そこで私は、図書館のあるまちの場合には、まず図書館に出かけたものである。

ところが、「うちの図書館にはまちの議会の会議録がありません」という言葉が、何も悪びれることなく図書館職員から聞かされることがある。そのまちの図書館には、そのまちの議会の会議録があるものとばかり思い込んでいたので、初めてこの言葉を聞いた時には自分の耳を疑ったほどである。しかも、こうしたケースが決してまれではないのである。小規模自治体の最近建設された図書館を中心に、そういう図書館がかなりある。「どうして議会の会議録がないの」と聞くと、「市役所や役場から送って来ないから」と言うのである。自治体も自治体だが、図書館も図書館である。自治体の図書館は住民にとって必要な情報を手に入れる一番身近な場所のひとつであるべきだと考えているが、こうした図書館にでくわすと、このまちは一体どういう思いでこんな立派な図書館を建てたのであろうかと、ついつい私は思いを巡らすのである。

さて幸いにも、図書館で会議録が閲覧できたとしよう。それによって必要な情報が容易に得られるかといえば、会議録で何を調べるかにもよるが、会議録の編集の仕方や会議録に不可欠な会議案の有無によって、そうはいかない。

議会は議案を審議し議決することとともに、行政運営一般に関し質問を投げかけて行政をチェックする場でもある。このため、議員の一般質問が四回の定例会ごとに行われる。ところがこの一般質問で、議員がどんなことを取り上げているのか、いわゆる質問項目がまとめて表示されていない会議録があるため、閉口してしまう。たとえば合併問題に関する一般質問をみるのに、質問項目が明記されておればその部分の質疑応答だけを会議録で見ればよい。そうでないと、斜め読みでもして全部の一般質問に目を通さねばならない。もっともこの場合、私は「議会だより」を参照するよう努めている。それにしてもこれは会議録を作成するのに、議会事務局がちょっと手を加えるだけでできそうなのに、今だにそうでない会議録がよく見られるのである。

このことよりももっと不備なのは、定例会や臨時会といった会期ごとの会議案が多くの図書館にないことである。会議案にはその会期における報告事項や承認事項から、議会に上程される議案に至るすべてのものが網羅されており、議員にはこれが配布されるので審議に参加できるのである。しかし図書館がこれを備えていないと、たとえば住民投票条例制定の会議録を閲覧しても、条例全文が提案説明の中で会議録に掲載されている場合を除くと、十分な理解ができない。会議録に条文第何条の第何項とあっても、条例案を持っていなければチンプンカンプンである。また、住民の直接請求の場合の「請求の趣旨」や首長の「意見書」は、会議録ではまず手にすることができない。会議案は議員に配布されても、図書館には備えておくべきものとは考えられていないようである。

残念ながら、これが現状である。まちの図書館に会議録が備わっていても、住民の利用を考慮したものになっていないのである。

図書館ではこのように用を足せないので、議会事務局に結局足を運ばなくてはならなくなる。そこではどんな光景が見られるのか。

いかに招かざる客であるかは、事務局の雰囲気からうかがわれる。議会事務局は議員が出たり入ったりする場所であって、市民がうろちょろする所ではないからである。だから図書館の方がはるかに落ち着くのであるが、引き返すわけにはいかない。そこで会議録の閲覧を申し込むと、ほとんどの町村役場では会議録閲覧申請書に記入することが求められる。市役所ではまずありえないことがどうして必要なのかとたずねても、「前任者からの申し送り事項」という言葉が返ってくるだけである。

この場合には記入する手間暇だけで済むが、岐阜県神戸町役場で公文書公開請求を求められたのには大変驚いた。これは、そのまちの情報公開条例によるというのである。

会議録は情報公開条例が制定されていようがいまいが、住民に積極的に開示すべきものである。私は、「アメ玉をつけてでも読んでもらうものだ」とよく冗談に言うのであるが。そしてまた情報公開条例は、情報にアクセスする住民の権利を保障したものと思っているので、「それはおかしい」と申し立てたのであるが、聞き入れてもらえなかった。

そこでおかしいおかしいと思いながらも、会議録の閲覧のために公文書公開請求をする羽目となった。書き終えるや否や、請求者である私が神戸町の住民でもないし、通勤者でもないので、請求すること自体できないことが申し渡された。このために、情報公開条例によって会議録の閲覧が拒否されるという前代未聞の体験をすることになったのであった。

このことは、恐らく極めてまれなことであろう。しかしながら、自治体の常任委員会や特別委員会といった委員会の会議録に関しては、他の自治体でも同じように、公文書公開請求が求められるケースが少なからずあった。

これまで私が述べてきた会議録とは、自治体の本会議の会議録である。本会議で議案などは決定されるので、本会議が最も重要である。自治体にもこうした本会議のほかに、総務委員会などの常任委員会や合併問題特別委員会などの特別委員会がある。住民投票条例案などの重要な議案は、これらの委員会に審議が付託されるケースが多い。しかも、本会議がどちらかと言えばセレモニー的な色彩が強いのに対し、委員会は少人数の議員で構成され、傍聴者も少ないので、議員の本音が出ていておもしろい。

このために、委員会の会議録の閲覧を申し出たのであるが、本会議の会議録の場合と違って、公文書公開請求が求められるケースがかなりあった。委員会の会議録は「原本しかない」というのがその理由であった。この場合は請求者の区分がなく何人でも閲覧できたので、神戸町のように閲覧が拒否されることはなかったが、公開の決定通知までかなりの日数を要した。

今や委員会も公開で開催される時に、会議録閲覧の取り扱いに関し、本会議と委員会で何ら区別する必要はないのではないか。委員会の会議録も、本会議のそれと同様に自治体は住民に積極的に開示すべきである。したがって、委員会の会議録の閲覧に際して公文書公開請求を求めるのは、今だに自治体が情報公開にいかに消極的な姿勢を持ち続けているかの反映でしかないと思う。

以上、自治体の会議録に関して述べてきた。

まちの図書館にそのまちの議会の会議録がなかったり、あっても住民の閲覧を配慮したものになっていない。したがって図書館で、住民が会議録の調べごとをするのは大変である。多くの場合、これが現状である。また理解しがたいことであるが、会議録の閲覧に情報公開請求を求める自治体が存在する。こうした現実に直面すると、情報公開と言葉で言うわりには、自治体によっては行政や議会が情報公開にまだまだ及び腰であると言わざるをえない。

行政に有利な情報の提供

さて次は、行政が提供する情報そのものを問題としたい。

これまで情報公開という場合には、主として情報へのアクセスが問題とされ、情報そのものはあまり論議の対象とならなかった。しかし合併問題は、行政の提供する情報の中味をクローズ・アップさせるに至った。

まちの存続という住民にとってきわめて重要な問題である合併に関しては、住民の合意が行政にとって不可欠である。このために、『協議会だより』やまちの広報紙などで合併に関する情報が頻繁に提供され、また合併に関する住民説明会が開催された。その時によく聞かれた言葉は、「行政は自分に都合のよい情報ばかり流している」という住民の批判である。このようにして、情報の中味がこれまで以上に問われるに至った。合併に関する住民投票や意向調査に際しては、とりわけそうである。ところで何が正しく、公正な情報であるのか。これは、言うまでもなくそんなに簡単なことではない。

たとえば合併特例債ひとつ取り上げても、それは国や自治体の借金を増やし、かえって財政危機に拍車をかけるものとして、安易に合併特例債に依存したり、こういう財政支援に駆られて合併することを、私は批判してきた。しかしながら、事業費の九五%が合併特例債でまかなわれ、その元利償還に必要な七〇%が地方交付税で措置される（基準財政需要額に算入）ので、それは自治体にとって有利な借金であるということ自体は、間違いではない。

このようにどのようにとらえるかによって、異なる理解がありうる。したがってここでは、そういう問題ではなく、私からみて明らかにおかしいと思われたことを紹介したい。

まずは、行政による使い分けと思われるケースである。

その一例として多治見市の場合を取り上げると、合併協議会を立ち上げる直前の多治見市の広報『タジミスト』は、「今、合併を考える時にきています」という見出しの記事の中で、次のように言っていた。「国、県、市町村の財政難から、地方交付税制度の維持が困難になり、市の財政の悪化も深刻化する恐れがあります」[1]と。市町村合併を考えないといけない時には、地方交付税制度が今にも破綻するかのように言っていた。

ところが合併協議が進んだ段階での住民説明会では、合併すると合併特例債などの財政支援が受けられ、基盤整備が進むことが強調された。合併特例債は今も述べたように、元利償還に必要な七〇%が地方交付税で措置される。これに関して「国の財政も逼迫していますが、合併特例債の優遇措置は大丈夫ですか」という質問が出たが、これに対する回答は「合併特例債の返済額の七割が普通交付税で措置されることが制度として保障されていますので、優遇措置が受けられるものと理解しています」[2]

というのである。ここでは、地方交付税制度の存続を前提にしてものを言っている。つまり、合併協議を開始する時には財政危機をあおるために、地方交付税制度の維持が困難となることを吹聴し、住民を合併に誘導する時には財政支援という合併のメリットを強調するために、地方交付税制度の存続に疑問を挟まない。まさに、地方交付税制度を巧みに使い分けているとしか思えない。

次は地方債についてである。自治体が大きな事業を行う場合、基金の十分な積み立てがない限り、地方債で対応せざるを得ない。借金に依存しすぎると、そのツケである公債費が財政を圧迫し、財政が弾力性を失うことになる。多治見市でも、公債費比率や経常収支比率が上昇して、一九九七年に財政緊急事態宣言を発した。それなりに大騒ぎであった。

しかるに、新市建設計画の財政計画を紹介した住民説明会の資料では、「市債」について「市の長期にわたる借入金のことです。学校などの長期にわたって利用される施設の建設に必要な資金について、世代間の公平を図る観点から、地方債という形で調達しています」[3]という説明が加えられていた。これでは借金の累積も若い人には悪いが、何も気にかける必要はないということになる。そういう考え方もないわけではないが、これは住民の借金への抵抗を和らげるために用いられたのではないのだろうか。

最後に、財政推計について取り上げたい。

合併しない場合の多治見市の財政推計が、二〇〇二年、二〇〇三年ならびに二〇〇四年の三回にわたって行われた。二〇〇二年と二〇〇四年の財政推計は、それぞれ協議会は異なるが合併協議会に提出されたもので、二〇〇三年のものは意向投票に向けて合併の是非を判断するための住民説明会に提示されたものである。

これら三つの財政推計の数字が若干違うのは、少しも不思議ではない。しかし五年後、一〇年後の予測について収支のバランスを見ると、二〇〇二年の推計ではいずれもプラス、二〇〇三年のものではいずれもマイナス、二〇〇四年の推計ではいずれもプラスマイナス・ゼロとなっている。市民は、どれを信じたらよいのであろうか。また第四章第一節で見たように、二〇〇四年の推計で収支がプラスマイナス・ゼロとなっているのは、「経費の節減で補うなどで対応していくということ」であるが、それならば二〇〇三年の推計でもそれは可能であったはずである。それなのに、二〇〇三年の推計がマイナスの予測をしたのは、意向投票で合併賛成に住民を誘導するためであったと思われてもしかたがない。このように財政推計が、使い分けられている。

次に、行政が合併に不利な事実を隠す。隠すということに語弊があれば、住民の目にさらさないようにする。次のことは、そのケースである。

図表1は、多治見市など三市一町に交付された二〇〇一年度の地方交付税と、三市一町が合併したと仮定した場合に交付されるであろう地方交付税を試算したものである。地方交付税は、基準財政需

要額から基準財政収入額を差し引いて求められる。二〇〇一年度の三市一町の合計した地方交付税（臨時財政対策債を含む）を求めると、それは一二六億円であった。これが合併したとすると、三〇億円減少の九六億円となる。

合併すると地方交付税がなぜ減るのか。この図表からわかるように、規模の利益（スケール・メリット）が作用して、一定の行政サービスを行うのに必要な経費である基準財政需要額が低下するためである。たとえば消防費を見ると、三市一町がそれぞれでやるよりも、合併して一本化すれば、消防費の基準財政需要額は約四億五、〇〇〇万円少なくすむ。

ところが合併しても、ただちにそれだけの効果が発揮できるわけではない。また合併を支援するために、旧の合併特例法では合併後一〇年間は合併していないものとして計算された交付税、続く五年間は段階的に減らされた交付税が交付される。これが、いわゆる地方交付税の算定替特例といわれるものである。

地方交付税のこうした優遇措置があるがゆえに、この間に人件費や物件費を削減すれば、それだけ余裕財源が生まれる。これが合併による経費削減効果なのであり、合併特例債などの財政支援とともに、合併の財政上のメリットとして強調されることは間違いではない。

しかしながらそれを言うのであれば、合併すれば地方交付税が削減されることを、しかも合併一五年経過後は、地方交付税の削減額が往々にして人件費や物件費の削減額を超える、いわゆる逆転現象

図表1　普通交付税一本算定試算表（平成13年度ベース）

（単位：千円）

基準財政需要額 経費の種類			多治見市	瑞浪市	土岐市	笠原町	3市1町計	新市一本算定	比較
一 経常経費	消防費		1,200,026	526,815	739,424	203,642	2,669,907	2,223,674	-446,233
	土木費	道路橋りょう費	377,346	286,456	275,232	50,142	989,176	989,054	-122
		都市計画費	145,270	58,384	91,409	16,661	311,724	316,609	4,885
		公園費	121,638	44,359	64,622	13,170	243,789	250,093	6,304
		下水道費	257,869	101,055	159,119	1,149	519,192	519,910	718
		その他土木費	190,409	73,642	105,248	28,361	397,660	344,510	-53,150
	教育費	小学校費	711,598	302,766	410,940	62,004	1,487,308	1,492,935	5,627
		中学校費	390,020	193,936	244,725	40,275	868,956	876,456	7,500
		その他教育費	934,697	392,564	636,152	220,071	2,183,484	1,852,201	-331,283
	厚生費	生活保護費	204,932	89,643	145,017		439,592	391,646	-47,946
		社会福祉費	694,417	299,921	445,500	77,386	1,517,224	1,358,259	-158,965
		保健衛生費	629,759	242,029	655,378	82,004	1,609,170	1,510,529	-98,641
		高齢者福祉費	1,340,681	719,119	1,088,022	232,146	3,379,968	3,040,207	-339,761
		清掃費	943,760	323,268	510,569	100,320	1,877,917	2,010,609	132,692
	産業経済費	農業行政費	46,144	130,384	66,328	13,369	256,225	211,963	-44,262
		商工行政費	138,350	72,267	95,026	37,394	343,037	278,511	-64,526
		その他産業経済費	8,964	15,228	20,088	4,644	48,924	48,384	-540
	その他の行政費	企画振興費	435,758	196,147	287,781	85,827	1,005,513	907,238	-98,275
		徴税費	314,581	144,617	209,394	54,466	723,058	584,347	-138,711
		戸籍住民台帳費	170,948	88,464	118,157	30,840	408,409	334,564	-73,845
		その他諸費	1,198,929	597,716	820,230	279,904	2,896,779	2,341,411	-555,368
	計		10,456,096	4,898,780	7,188,361	1,633,775	24,177,012	21,883,110	-2,293,902
二 投資的経費	土木費	道路橋りょう費	649,440	536,580	473,880	57,420	1,717,320	1,945,680	228,360
		都市計画費	156,008	55,531	91,770	17,322	320,631	340,011	19,380
		公園費	42,186	19,071	31,025	6,041	98,323	84,831	-13,492
		下水道費	495,841	216,863	518,874	82,061	1,313,639	1,314,821	1,182
		その他土木費	291,052	80,046	100,444	28,488	500,030	441,433	-58,597
	教育費	小学校費	313,100	160,425	160,425	17,050	651,000	651,775	775
		中学校費	215,450	84,475	137,175	16,275	453,375	453,375	0
		その他教育費	38,969	21,441	27,390	12,739	100,539	72,198	-28,341
	厚生費	社会福祉費	59,691	33,185	42,174	20,024	155,074	109,948	-45,126
		高齢者福祉費	39,887	27,767	34,833	16,766	119,253	79,580	-39,673
		清掃費	229,408	91,140	216,811	55,290	592,649	592,743	94
	産業経済費	農業行政費	19,809	81,840	35,247	4,046	140,942	140,570	-372
		その他産業経済費	13,144	22,816	14,632	4,836	55,428	33,728	-21,700
	その他の行政費	企画振興費	816,401	239,957	416,288	80,729	1,553,375	1,355,725	-197,650
		その他の諸費	566,475	269,461	395,567	100,926	1,332,429	935,839	-396,590
	計		3,946,861	1,940,598	2,696,535	520,013	9,104,007	8,552,257	-551,750
三　公債費			636,727	279,397	656,004	37,666	1,609,794	1,609,796	2
合計			15,039,684	7,118,775	10,540,900	2,191,454	34,890,813	32,045,163	-2,845,650
基準財政収入額			10,978,922	4,794,592	6,366,977	1,143,336	23,283,827	23,283,827	0
交付基準額①			4,060,762	2,324,183	4,173,923	1,048,118	11,606,986	8,761,336	-2,845,650
臨時財政対策債発行可能額②			432,392	201,850	290,220	80,618	1,005,080	836,617	-168,463
合計①＋②			4,493,154	2,526,033	4,464,143	1,128,736	12,612,066	9,597,953	-3,014,113

※上記基準財政需要額及び基準財政収入額については、錯誤額を含まない数値。
（出所）東濃西部合併協議会事務局調べによる。

が起こることを住民に明らかにすべきである。このことが理解されないため、経費削減効果がいつまでも続くものだという誤解が住民の中に生まれたりする。それゆえに非常に重要なことであるのに、多治見市の住民説明会の資料や、多治見市・笠原町合併協議会『明日のまちへ　多治見市・笠原町合併住民説明会（概要編）』では、そのことに何も触れていない。これでは、本当のことを住民に明らかにしたものとは言えない。

最後に、理解しがたかったことについて触れておきたい。

第二章第三節で述べたように、多治見市は破綻した三市一町合併協議の総括を行い、それを冊子にして公表した。それは、大変画期的な試みである。しかしながら、単に事実経過を述べたにすぎない「合併協議の経過」の中で、事実と違う記述が見られた。それは何かというと、第一回の協議会で合併の是非を含めて協議することが申し合わされたとか、住民説明会での質問に広報広聴小委員会委員が中心となって回答したという点である。それらは事実と違っている。行政はなぜそんなことをしたのか、私には本当にそれは理解しがたいことであった。

次に紹介することも、私には理解しがたいことである。

図表2の合併後の投資可能財源の予測は、大垣市など一〇市町村で構成した西濃圏域合併協議会によって作成されたものである。それによれば、合併後一五年間で約二、七〇〇億円もの投資可能財源が発生するというのである。今さら投資可能財源という発想自体が問題であるが、その点はさしおいて

図表２　合併後の投資可能財源の予測

区分		1年目	2年目	3年目	4年目	5年目	6年目	7年目	8年目	9年目	10年目	11年目	12年目	13年目	14年目	15年目	合計
余裕財源	地方税	7.4	7.9	8.4	8.8	9.3	35.8	36.1	36.4	36.7	36.9	37.2	37.9	38.6	39.3	40.0	416.7
	人件費	7.4	8.4	10.0	14.0	20.0	25.2	28.5	32.9	35.9	39.2	41.9	45.7	46.7	48.0	49.3	453.1
	物件費	△12.3	△4.0	2.8	15.2	20.4	30.1	33.7	37.2	40.6	43.9	43.9	43.9	43.9	43.9	43.9	427.1
	交付税	54.2	48.9	45.8	42.9	40.0	37.3	34.6	32.0	29.5	27.0	24.3	18.9	13.5	8.1	2.7	459.7
	事業交						△12.0	△12.0	△12.0	△12.0	△12.0	△12.0	△12.0	△12.0	△12.0	△12.0	△120.0
	計	56.7	61.2	67.0	80.9	89.7	116.4	120.9	126.5	130.7	135.0	135.3	134.4	130.7	127.3	123.9	1,636.6
臨時財源	特例債	70.9	70.9	70.9	70.9	70.9	70.9	70.9	70.9	70.9	70.9						709.0
	基　金	0.4	0.4	0.4	0.4	0.4	0.4	0.4	0.4	0.4	0.4	0.4	0.4	0.4	0.4	0.4	6.0
	臨時交	6.0	6.0	6.0	6.0	6.0											30.0
	特例交		0.9	1.5	6.4	9.7	13.1	16.5	19.9	23.2	26.6	30.0	32.8	35.5	35.5	35.5	287.1
	特別交	6.0	3.6	2.4													12.0
	補助交	4.6	4.6	4.6													13.8
	県特交	2.0	2.0	2.0	2.0	2.0											10.0
	計	89.9	88.4	87.8	85.7	89.0	84.4	87.8	91.2	94.5	97.9	30.4	33.2	35.9	35.9	35.9	1,067.9
合計		146.6	149.6	154.8	166.6	178.7	200.8	208.7	217.7	225.2	232.9	165.7	167.6	166.6	163.2	159.8	2,704.5

注）地方税：市町村民税、都市計画税及び事業所税の増加期待額、人件費：人件費の削減期待額、
物件費：物件費及び維持補修費の削減期待額、交付税：普通交付税算定替特例による交付税の差額等
事業交：事業所税算入による普通交付税の減少額、特例債：合併特例債（起債限度額）、
基　金：合併市町村振興基金を年利１％で運用した利息額、臨時交：臨時的経費の普通交付税措置額
特例交：合併特例債償還に対する普通交付税措置額、特別交：公共料金等格差是正に対する特別交付税措置額
補助金：合併市町村補助金、県特交：県合併支援特例交付金

も疑問に思うことが二つある。

その一つは、余裕財源に「普通交付税算定替特例による交付税の差額等」が「交付税」としてカウントされているが、それは誤解に基づく間違いである。先ほども述べたように、交付税算定替特例というのは、合併してもただちにはスケールメリットが実現しないし、合併を推進するために、一定期間合併していないものとして算出された交付税を交付するというものである。これがあるために、この間に人件費や物件費が削減されると、それだけそれは自由に使える余裕財源となる。もしこの交付税の算定替特例がなければ、人件費や物件費を削減しても、それだけ基準財政需要額が少なくてすむので、交付される交付税も少なくてすむ。地方交付税が減るだけである。つまりこの場合には、余裕財源は生まれないのである。交付税算定替特例はこのように理解すべきで、「交付税算定替特例による交付税の差額等」の「交付税」は、余裕財源に計上すべきではない。

もう一つの点は、「合併特例債償還に対する普通交付税措置額」が臨時財源の「特例交」として計上されているが、どうしてそれが投資財源となるのか不思議である。合併特例債は、それの償還に必要な七〇%が地方交付税で措置されるのであるが、その措置額は道路や施設の整備に支出した借金を補てんするものである。さらに言えば、使ったお金の返済を助けるもので、新たな事業に振り向けられるお金ではない。たとえば、マイホームを買うのに必要な金の七割を親父が援助してくれるという約束で、三、〇〇〇万円のマイホームを借金で買ったとしよう。そのさいの二、一〇〇万円の親父からの援助は借金の支払いにあてられるもので、増改築にあてることができる金でないことは改めて言うまでもなかろう。

したがって、以上の二つのものは投資可能財源に計上すべきではない。このために、垂井町の住民有志が合併協議会にその訂正を求めて公開質問状を出したのであるが、「投資可能財源そのものの考え方の違い」[4]という理由で、それは実現しなかった。私からすれば、それは「考え方」の問題ではなく理解の問題にすぎない。間違いに気づいて訂正して欲しかった。これなども、本当に理解しがたいことである。

おわりに

以上、平成の大合併のもとで格段に進んだと言われる情報公開・情報提供について、私が合併問題に取り組む中で直面した問題点について述べてきた。

その一つは、市町村議会の会議録に関して住民にとって利用しにくいこと、またその根底には情報公開にまだまだ消極的な行政などの姿が見られることを述べてきた。

とはいえ合併問題に関する情報が、行政によってこれまでになく積極的に住民に公表、開示され、住民もまたより容易に情報を入手することが可能となった。とりわけ私がその変化を感じたのは、直接関係のないまちの議会事務局を訪ねても、多くの場合どこの誰であるとか、閲覧の目的などを問われることなく、会議録の閲覧ができたことであった。

しかしながら行政によって提供される情報量は飛躍的に増えても、それは行政が住民に提供したいものが圧倒的に多い。あるいはもっと言えば、住民が合併について考えるに必要な情報の提供というよりも、行政にとって都合のよい情報が提供されていたのではないか。それではせっかくの情報提供が、かえって行政不信を強めることになりかねない。合併問題は、そのことを大きくクローズ・アップさせたと言ってよい。

住民参加は、情報公開・情報提供を前提とする。そして行政と住民の協働によるまちづくりに向けて、情報の共有が強調されるに至っている今日、行政は住民の利用しやすい情報提供のあり方を考えると共に、可能な限り正確な情報の公表、提供と開示の推進に努める必要がある。

第二節　住民投票について

民意を直接聞くことが定着

これまで条例制定による住民投票と言えば、原子力発電所や産業廃棄物処分場などの立地に関するものがほとんどであり、したがって一部の市町村に限られていた。これが平成の大合併により、今や合併の是非や枠組みなど合併問題に関するもので、しかも全国のいたる所で行われるに至った。こうした条例制定による住民投票とは別に、要綱に基づいて合併に関する住民意向調査も各地で行われた。

このように平成の大合併は、民意を直接聞く方法を定着させた。これは、日本の地方自治で画期的な意義を持つ出来事である。これまで選挙に際してだけ主権者として振る舞い、あとは首長や議会に任せっきりだつた住民が自治体の政策決定に登場するに至ったからである。まちづくりの主人公は住民であるという当然のことが、より広く認識されるようになったからである。

しかしながら民意を直接聞く方法が定着したとはいえ、多くの首長が住民の求める住民投票に反対し、住民投票条例が議会の反対により否決される市町村が数多く存在するのも事実である。また、住民意向調査も実施されなかった市町村も多い。

このように、合併問題に関し民意を直接聞くことに積極的な自治体もあれば、消極的な自治体もあった。つまり、合併に関する住民投票や住民意向調査が自治体によっては積極的に実施されるに至った反面、相変わらずそれを否定する自治体が多い。これが、今日の日本の姿である。

以下、どうして合併問題で住民の意向を直接聞く方法が定着したのか。とりわけ、住民投票条例の制定を求める運動が活発に展開されたのはどうしてなのか。これに対し、首長や議会が反対するのはなぜなのか。その他、住民投票の投票運動について述べるが、その前に住民投票と住民意向調査について、その違いを中心にまず触れておきたい。

住民投票と住民意向調査

直接民意を聞く方法といっても、住民投票と住民意向調査とではかなり異なる。

この問題を考えるに、二〇〇〇年七月三〇日に最初の「投票方式による全有権者アンケート」を実施した田無市・保谷市合併協議会のケースが大変参考になる。両市議会において、住民の直接請求による二市の合併に関する可否を住民投票に付するための条例が付議されたが、それに対して両市長は次の三つの理由により本条例の制定は必要ない旨の意見書を付けている[5]。それらを簡単に要約すると、次の通りである。

地方自治法によれば、合併は市議会の議決事項である。しかるに、住民投票の結果の尊重を市長に義務づける本条例を議会が議決して定めることは、合併の手続きを定めた地方自治法との整合性を欠く。次に、合併は関係市町村の住民にとって大変重要な問題であるので、市町村合併特例法により合併協議会の設置が義務づけられている。このため両市でも合併協議会が設置され、しかも議会の全会派からの代表議員や住民代表をその構成員とし、十分な審議ができるような配慮がされている。

さらに、「本件条例よりも、市民の意向をより広く、確実に把握できるよう設計されている点で、格段に優れたものであると自負している」投票方式による全有権者アンケートの実施をすることになっている。なぜなら、このアンケートでは有権者の範囲を一八歳以上にまで拡大することによって将来の新市を担う若者の意見を反映できるし、合併の賛否だけでなく新市の名称や新市に期待する施策についても調査できる。そのほか、投票時間の延長や不在者投票の要件緩和などによって、住民の利便性の向上を図ることができるからである。

こうした観点から住民投票条例の制定は必要ないとしたのであるが、投票結果の尊重義務がいわゆる「諮問」でなく「拘束」として認識されていること、住民投票でも公職選挙法に依拠しなければ調査項目を除けばアンケートと同様のことができることなど、この意見書には今からすれば少し違う理解が見られる。しかしながら両市が、この方式を導入するに至ったのは、地方自治法に抵触する恐れを避けるためであったことは十分にうかがうことができる。投票結果の尊重義務を「拘束」として捉えたがゆえに、住民投票ではなく、アンケートにせざるを得なかったのであろう。

ところが今や住民投票条例は、首長だけでなく市町村議会にもその投票結果の尊重義務を課すのが通例となっている。それというのも、大方の理解によればこの尊重義務は「諮問」であり、何ら法律に抵触しないからである。また有権者に関しても、二〇歳未満の若者だけでなく、永住外国人にまで拡大するのが一般的である。

それにもかかわらず、住民投票でなく「アンケート」たる住民意向調査にこだわる首長や議会がある。それは一体なぜなのか。これは極端なケースではあるが、岐阜県根尾村の場合はこうであった。根尾村は他の三町と合併協議を進めてきたのであるが、合併協議も整い、あとは合併協定書の調印と各町村議会での議決を残すだけとなった段階で、合併協議会は四町村の合併について住民の意思を把握するため住民意向調査を二〇〇三年四月に実施した。その結果、三町では「賛成」が「反対」を上回ったものの、根尾村だけは賛成六一一票、反対七七五票、「どちらともいえない」一四八票で、反対が賛成を上回り、村は大変な騒ぎとなった。

村当局はこの事態に対し、村民の反対が多かったのは、五年間の特例として認められた固定資産税の不均一課税（一・七％）の税収差額の使途が明確でないことと、人口が少ないので議員がいなくなることにあると考えた。このため、前者に関しては基金を作って村民に還元する。後者については新市に選挙区制度を導入するよう合併協議会で再検討することを条件に、合併方針の継続を確認した。

そして再度住民説明会を開催して村民を説得し、区長（自治会長）に住民の意見の集約をゆだね、三一地区のうち二二地区から合併推進要望があったとして、村民の意思は合併に賛成であるとみなされるに至った。このため予定より遅れたものの、「本巣市」が誕生したのであった。

こうしたことが許されるのも、議会の議決を経て定めた住民投票と違い、意向調査結果の取り扱いがあいまいであるためである。住民投票の場合は二者択一で是非が決定されるのに対し、住民意向調査の結果はその実施団体がある事案を決定する際の参考にとどまる。このためその結果を尊重する場合にしても、投票率に有効投票の過半数といった条件を付けたり、「どちらともいえない」を首長や議会に委ねられたものと考えるという、恣意的な解釈が試みられる。

このように、民意を直接聞く場合でも、住民意向調査の方が行政や議会にとって都合がよいからである。

活発に展開された住民投票条例制定の運動

さて、合併問題で住民投票が定着したのはなぜか。

まずは、合併問題という行政課題そのものによるところが大きい。合併とは、それまでそれぞれが一つの自治体として存続してきたまちが、一緒になって新たな自治体をつくることであるが、法人格を失うまち（編入合併されるまち、新設合併のまち）は、合併によってとりわけ大きな影響を受ける。まちの名前や公共料金が変わるばかりか、住民が誇るユニークなまちづくりができなくなったり、行政とコミュニティの関係が希薄になる。役場は支所となり、住民と役場の距離は物理的にも精神的にも遠くなるなど、その影響たるや図り知れない。

このように、合併問題は住民にとって大変重要な問題であるので、合併協議は住民の総意に基づいて進める必要がある。このため、住民の総意に基づいて合併を進めようとする首長や議会によって、合併の枠組みや合併の是非に関して住民投票が行われる。あるいは、たとえ住民投票に消極的な首長や議会であっても、この事実は否定しがたいものがある。

しかしそれだけでは、住民投票のこれだけの定着を見なかったかもしれない。合併問題という自分たちにとって大きな問題に関し、自分たちの意思を表明したい、あるいは自分たちで決めたいという、住民投票を求める大きな流れがあった。この運動の高揚こそが、住民投票の定着をもたらした。住民の直接請求による住民投票条例は、議会で否決されるケースが非常に多かったが、今や住民投票は決して突飛なことではなく、あたりまえのこととして広く認識されることに大きな貢献をした。

ところで、この住民投票を求める大きな流れは、住民の自治意識の高まりということも確かに無視はできない。けれども、むしろ合併協議が住民の総意とかけ離れて行われたために、これほどの活発な運動を招いたのではないかと思う。いくら住民にとって重要なことであっても、住民の総意に基づいて行政が展開される限り、住民が自分たちの意思表示の機会を求めて立ち上がることはまずありえない。自分たちの総意と違うがゆえに、自分たちは首長や議会に白紙委任したのではない、自分たちの意思を表明したい、あるいは自分たちで決めたいという運動が高まる。平成の大合併で住民投票条例制定の運動が大きく燃え上がったということは、いかに平成の大合併が住民の総意に反して進められたかを如実に物語っていると言ってよい。

以上、合併に関する住民投票が広く行われるに至った要因が、合併問題という行政課題そのものにあることと、活発に展開された住民投票条例制定の運動にあることを述べてきた。このほかでは、合併問題をめぐって首長と議会が対立したり、議会の中心的な会派の中でも深刻な対立が生まれ、このため民意を直接聞くために住民投票が行われるケースが少なからずあった。

どうしてこういう事態が生じるのか。それは平成の大合併が、合併の必然性がないのに、まちの将来の財政不安におびえたり、国の財政支援に駆られて推し進められたからである。まちが直面する課題を解決するための必然的な合併であれば、合併の枠組みはおのずと決まってくる。そうした必然性がないと、合併の枠組みは流動的である。たとえば住民の生活圏か、あるいは行政的なつながりを重視するかで合併の枠組みは違ってくる。同様に、財政力のある大きなまちと一緒になった方がよいのか、埋没しないために小さなまち同士の合併の方がよいのかによっても違ってくる。このようにいくつもの選択肢があり、為政者の間で決着がつかず、直接民意を聞く住民投票ということになる。なおこの場合の住民投票条例は、議員提案で行われるケースが多い。

根強い反対

こうして平成の大合併で住民投票が広く実施されるに至ったのであるが、前述したように住民の直接請求による住民投票条例の多くは、議会で否決された。住民投票がもっともっと定着するには、この大きな壁の存在を取り除かなくてはならない。

首長や議員は、なぜ住民投票に反対するのか。それは、自分たちの思いがひっくり返るからである。あるいは、その恐れがあるからである。そうした懸念を、彼らが持っているからである。彼らは日本の民主政治が代議制度で行われていることを強調しても、彼らとて主権者は一人ひとりの国民であり、一人ひとりの住民であることを否定はしない。それは百も承知である。ところが、民意を直接反映する住民投票に対しては何かと難癖をつける。しかしその本心たるや、住民投票の結果によっては自分たちの思うようなことができなくなるためであると私には思えてならない。

住民投票に反対する主な理由を紹介すると、以下の通りである。

日本は、議会制民主主義の国である。合併は、議会で議決することになっている。法律では、住民投票で決めるようになっていない。住民投票によって議会が無視されるのは、民主主義の否定である。こうしたことは以前から言われてきたことであるし、今なおたびたび持ち出される、古くて新しい主張である。

しかし「住民投票によっては否定されたのは、議会や民主主義ではなく、民意を反映していなかった議決である」[6]。また住民投票のような直接民主主義は、議会制民主主義を補完するものであるし、住民投票の結果は決して首長や議員の行動を拘束するものではないことは、既に多くの人によって理解されていることである。そして何よりも、住民投票がいたる所で行われるに及んで、今やこの主張は神通力を失っている。

そこで強調されるに至ったことは、民意を反映した合併協議を進めてきたことや、合併問題は住民投票になじまないということである。

前者に関しては、合併協議会が合併に賛成・反対派などさまざまな会派の議員や住民代表で構成される。また小委員会を含めて協議会は公開で開催され、会議の状況は協議会だよりで報告されるし、ホームページに掲載される。さらに、住民説明会がたびたび行われるなど、民意を十分に汲んで合併協議がされているのに、どうしてさらに民意を直接聞く必要があるのかという。

しかし、自分たちの意思を表明したいという声があがるのは、それに納得していない、もしくは民意が反映されていないと思うからである。住民が決定に参加できないで、いくら形式として民意を汲む方法が採用されたとしても、民意を反映することはむずかしい。

合併問題に住民投票がなじまないという場合に強調されることは、合併問題はまちの将来にわたることで、複雑で高度な判断を要する。しかるに住民は、日々の生活に追われ、まちの名前や役場までの距離といった身近なことから判断するというのである。

しかしながらその論理でいくと、日本の将来を託す国政選挙も否定することになりかねないであろう。それはともかく、このように言うのは住民投票をすると合併反対票が多く出ることを暗に前提としたものである。しかし、合併賛成票が多かったケースはいくらもある。そもそもこうした住民を見下すような問題の立て方は、適切であるとはいえない。

このほか、岐阜県柳津町議会で町長が述べていることを紹介するとこうである。[7]

新市の名前、新市の役場の所在地、新市の行政サービスの三点が合併の絞られた争点だと仮定して、合併の是非についてA、B、Cの三人の投票行動を想定したとする。Aさんは新市の名前、Bさんは新市の役場の所在地が気に入らず、それぞれが合併に反対票を投じた。Cさんは、三つの争点とも納得して合併に賛成票を投じた。この結果、投票行動は二対一で、合併は否決されてしまう。しかしそれぞれの争点ごとにみると、いずれの争点でも賛成が反対を上回っており、かくしてこの投票結果は民意を反映した合理的なものと言えるのかという。

柳津町長によれば、これは公共的意思決定論、投票理論、厚生経済学等の理論によるもので、政府はこれにより住民投票を実施しないという見解を持ったようであるとも言っている。

さてこれは、これまでのものと違って大変「理論」的である。しかしここでは、争点のうち一つだけでも反対であると反対票を投じることになっているが、本当にそうであろうか。逆に争点のうち一つだけでも賛成であれば、賛成票を投ずることだってありうるはずである。いかに科学的な装いを取り繕っていても、この投票行動ははなはだ理解しがたく、とうてい科学的な批判に耐えうるものではなかろう。

以上のほか、合併問題で住民投票を行うことは、議会の責任を放棄するものであるといったものなど、住民投票に関しさまざまな批判が試みられ、住民投票条例の多くが議会で否決された。問題は、住民投票が理論的に間違っているということではなく、住民投票を快く思わない首長や議員が多いということである。したがって、住民投票の法制化が実現しない限り、この壁は選挙によって取り除くしかないのかもしれない。

住民投票の投票運動

住民投票を行うからには、多くの住民が住民投票に関心をもち、投票に際して自らの意思を表明できるようにすることは必要不可欠である。

このために、住民投票に関する投票運動は、買収や脅迫等住民の自由な意思が拘束されたり、不当に干渉されるものを除けば自由である。また、住民が意思を明確にするのに必要な情報の提供を、首長に義務づけているのが一般的である。

さて実際にはどうであったか。

投票方式の住民意向調査が行われた私の住む多治見市では、第二章第二節で既に述べたのであるが、「多治見市がなぜ合併を検討するのか」という市の合併への見解を掲載した投票啓発のチラシが、大量に配布された。このチラシの表面は、「その一票!! あなたの意見 私の未来」という標語のもとに、投票を呼びかけたものである。しかし裏面には、少子高齢化により自由に使える財源が不足するが、合併した場合には、合理化によって経費の削減が可能であり、国の財政支援によって道路整備が可能となることなど、合併のメリットが強調されていた。他方、合併しない場合には、これまで以上に行財政改革に取り組んでも、住民サービスの削減や増税、公共料金引き上げの検討が不可避であることが書かれていた。こうした、あたかも住民を合併賛成に誘導するかのようなチラシが、各種団体や事業所を通して、あるいは駅やスーパーの前で市職員によって直接住民に手渡された。さらに市立保育園の園児を通して、家庭にも届けられた。

これに対し、合併に反対する市民の有志が「公平・公正な行政サービスを担う行政本来の姿から逸脱している」として、多治見市長に抗議とチラシの配布の中止を申し入れたのであった。

このチラシの問題以外にも、市議会議長が消防出初式と成人式の挨拶の中で「合併賛成に○を」という旨の発言をしたり、レンタカー代や看板など合併推進議員団の行動費用に三四万円の政務調査費が充当されたことは、はなはだ理解に苦しむ点である(8)。

もうひとつのまちの例を、紹介したい。

これは二〇〇二年一一月一〇日に行われた福井県松岡町の住民投票で、三つの選択肢をめぐって争われた。このまちでは、住民投票に向けて三つの選択肢の支持者が一堂に会して意見を述べる立会演説会「新しいまちへのメッセージ」が町内二ヶ所で開催されるなど、大変すばらしい取り組みがなされている。町議会は、それを『松岡町の合併についての意思を問う住民投票　記録』としてとりまとめている。そこからいくつかを引用したい。

まず、『『住民投票』実施後の総括」で、「投票に先立って、それを判断するのに必要な情報の公開が、住民に十分に行われ、また、それをどう考え、どうとらえるかという論議が住民各層の間で幅広い視点から展開される必要がある」という大変重要なことが指摘されている。そしてこの「情報公開を含めた住民の、論議についてはまだまだ、不十分」であったと言う。また別のところで、投票の結果が僅少差であったのは、説明責任が求められていることを示しているとも言う。少し辛辣な意見としては、「町長に対して投票運動の制限は加えなかったが、町長が女性ネットワークや消防団員との語る会を企画したのは、やはり不公平感があった。各陣営の代表者も加える等の度量が欲しかった」、「行政当局は、合併を事務的に進める方向に対しては、熱心だが、町民への説明責任では、創意工夫が見られない」、「町からの中立的な立場からの情報提供が十分でなく、また、各陣営の運動も相手批判が目立ったため、公平な立場での情報提供が不足し、一部町民からは、不平発言も出てきた」といったことが列挙されている。

以上のように、住民投票の投票運動に関していろいろな問題がある。しかしながらその多くは、住民投票にとってきわめて重要である、住民が判断するに必要な情報の問題と深い関係を有する。とりわけそれとの関係で、行政のあるべき姿が問題である。

この点に関して、私は次のように考える。

各陣営がより多くの得票を求めて、住民に積極的に働きかけることは必要な事であるし、何ら問題はない。しかしその際問題となるのは、行政の対応である。行政が一方の陣営に与して投票運動を行ったり、それに有利な情報を意図的に流したりすることが問題なのである。住民投票は、行政の思うような投票結果を引き出せばよいというものではなかろう。住民の中で活発な議論が交わされ、住民が自分の意思を自分で決める事が大事なのである。そうした結果としての住民の総意こそが住民投票の目的であり、そのための情報なのである。

したがって行政のなすべきことは、住民の判断に必要な客観的な情報の提供に終始すべきであり、住民説明会の時のように、行政としての考え方を前面に打ち出すべきではないと思う。それとともに、さまざまな議論が交わされる機会をいかに作り出すかである。松岡町のような各陣営による立会演説会やシンポジウムを開催したり、滋賀県長浜市のように、住民投票の四つの選択肢を支持するそれぞれの団体が作成した記事で埋められている「住民投票公報」を作って、各戸配布したりすることなどが必要である。

以下は、愛知県の前に万博を開催したドイツのハノーバー市における、万博の誘致に関する住民投票のことである。

「ここはすごいと思ったのは、誘致を進めてきた市長も、市民討議の必要性を認められた。議会は、それを受けて、住民投票をやろうということを実際に決めた。それだけじゃありません。推進派、反対派を交えた活発な宣伝と議論をどうやって保障するかということで考えた結果、もともと資金力では、推進派一〇〇に対して、反対は一という、こういう状態ですから、ハノーバー市は、反対派に運動資金として約二三万マルク、日本円にして一、六一〇万円という大金を出してバランスをとろうとしたというのであります。そして、一会場で四、五百人の市民が埋まるような公開討論会を、その県民投票をやろうと言った半年の間に一三回も開いて、その議論の内容は、そこの中身はビラにして市民に届けるということをやったわけです。そうして、住民投票の結果は先ほど言われたとおりですけれども、重要なことは、市主導の一年近くの間の、市民が議論を尽くし、それらの意見が万博計画に反映されただけでなくて、高いレベルでの市民の合意が形成されていったということ」[9]である。これに近付けるような投票運動が望まれる。

おわりに

住民投票は言うまでもなく、投票に付された事案に対する住民の意思を確認し、それをまちづくりに的確に反映し、公正で民主的なまちの行政運営を実現するものである。

しかし、それだけにとどまらない。住民投票によって、住民に自己決定、自己責任の考えが生まれる。まちづくりの主人公としての意識が、培われる。実際に今回も、住民投票や住民意向調査を契機に、多くのまちでまちづくりを考える住民の自主的なグループが生まれている。したがって住民投票は、住民と行政の協働によるまちづくりを推進するものである。

平成の大合併で全国のいたる所で実施されるに至った住民投票が、まちづくりの重要事項に関して今後はもっと日常的に行われることが望まれる。それには、常設型の住民投票条例の制定が課題となろう。

第三節　為政者の自己批判について

自己批判の精神を欠く

これまで述べてきた情報公開と住民投票に関しては、まだいろいろな課題をかかえているとはいえ、地方自治の観点からすれば大変大きな前進が見られる。

他方、住民投票や住民意向調査により合併が破綻した際、合併を推進してきた首長や議会議員が取った態度に関しては、旧態依然のものがある。たとえば、私の住む多治見市と瑞浪市、土岐市ならびに笠原町の三市一町の破談に際して多治見市で見られた光景は、第二章で見たように次の通りであった。

合併を推進してきた市議会議員は、合併破綻の要因を市長のリーダーシップの欠如や、行政サービス水準の維持か低下かにあった合併是非の争点をはぐらかしたことなどに求め、議会で市長や行政の責任を追求した。また、多治見市民の民主主義が十分に成熟していないことや、多治見市の名前がなくなるといった住民の身近なことから合併が判断されたことを取り上げて、住民意向調査の実施をやり玉にあげた。

これに対し行政は、市民の「多治見のまちへの愛着」が合併の白紙となった根本的な要因だと応えていた。しかし、行政による合併協議の総括文書『住民意向調査の結果について（三市一町合併協議の総括）』では、この他に合併の必要性やメリットが市民によって十分理解されなかったことと、デメリットに重きをおいて市民が判断したことを強調している。

このように、破綻した合併協議の責任は行政にも議会にもない。あるとすれば、あたかも市民にあるかのような議論さえ交わされた。したがって、合併を推進してきた首長も議会も、誰も責任を取らなかった。市民に対して謝罪もなければ、反省の言葉も聞かれなかった。

岐阜県下で、合併問題で責任を取って辞職した首長は三名を数える。まず、益田郡五町村（萩原町、小坂町、下呂町、金山町、馬瀬村）の合併案が町議会で否決された大森喜一小坂町長は、混乱の責任を取って辞職した。ただし出直し選挙で、大森喜一小坂町長は無投票で返り咲いている。

次に、一市九町からなる西濃圏域の合併協議を進めてきた吉田儀一関ヶ原町長は、住民意向調査で反対が賛成を上回ったため、辞職するに至った[10]。

もう一人の吉村卓巳福岡町長は、それまで合併協議を進めてきた「中津川市・恵那郡北部町村合併協議会」を離脱し、付知町と合併するという新たな枠組みを問う住民意向調査を行ったのであるが、それが住民に受け入れられずに辞職した。

首長の辞職ではないが、次のようなケースもあった。

住民投票の結果、それまで各務原市などと進めてきた「木曽川文化圏市町村合併協議会」より離脱し、岐阜広域合併協議会に参加するに至った岐南町では、町の三役の給料と議員報酬の減額を実施した。[11]合併問題で、住民に混乱を招いた責任を十分に認識するためであった。

美濃加茂市との合併が破綻した後、議会の出直しを求める住民の声が上がり、議会を解散したのが白川町である。「合併ありきのみで事を運んでの破たん」[12]に対する議会の責任が、議会の出直しを求める一つの大きな要因となっている。

首長や議会が自己批判の精神を欠くのを私が問題視するのは、以上のような首長の辞職や議会の解散、給料や報酬の一部カットといったことを求めているからではない。本当に反省して、問題の所在を明らかにし、住民にわびると共に、二度とそうならないように、行政も議会も自己改革を成し遂げることを期待するからである。

ところでそもそも人間は何人も、自分の非をなかなか認めようとしない。あれやこれやと釈明して、自分の責任を回避しようと努める。住民に選挙される政治家の場合は、とりわけその傾向が強い。

今これを書いている時、世間ではライブドア事件でもちきりである。堀江前社長が無所属で出馬したとはいえ、自民党がかつぎ出したのは事実であるし、武部自民党幹事長は「わが弟、息子」と呼んだのに、自民党も武部も責任の火の粉を追い払うのに懸命である。

こうした例は、枚挙にいとまがない。しかし、合併問題で首長や議会議員が自己批判に消極的であったのは、こうしたことのほかに、自分が推進してきた合併は決して間違ってはいないという確信や、住民に理解してもらえなかったという強い思いがあったからではないかと思う。

以下、この点をまず取り上げてみたい。

間違ってはいないという確信

住民投票や住民意向調査の結果、推進してきた合併協議が破綻しても、合併協議を推進してきたこと自体は決して間違いではなかった。こうした発言が、首長の政治的責任を問う質問に対してよく返えされている。

たとえば吉田三郎羽島市長は、「確かに住民投票の結果は、私の思いとは異なったものとなりました。しかし、地方自治体を取り巻く状況は、一層厳しさを増してまいっておると。そんな中で最大の行財政改革ともいわれる市町村合併、地方自治体の進むべき方向としては、大きな一つの道ということの中で検討をしてきたということについても、決して間違った選択ではなかったと、こんなふうに考えております」[13]と言う。

辞職した吉田儀一関ケ原町長に至っては、町民の選択が正しいとは思わないという発言は休憩後に撤回したけれども、「町民が選んだから正しいんだというふうには思っておりません。やはり、それとあれとは違うと思います。私自身は、やはりこの合併によってこの将来のまちづくりの体制整備であるということは何回となしに申し上げてまいりました。このことによって関ヶ原町民九、〇〇〇人の幸せにつながるというふうに確信をしております」[14]と答弁している。

こうした確信が生まれるのも、わからないわけではない。

生活圏の広域化や地方分権の推進、少子高齢化の進展ならびに財政事情の悪化ということを並べ立てて、国や県は合併を迫った。小規模な自治体が将来のまちの財政に不安をつのらせたほか、行財政改革の手段として市町村合併を模索する自治体が相次いだ。

合併推進のための国や県のアメとムチの政策は、首長などに合併しかないことを思い込ませるに大きな威力を発揮した。とりわけ地方交付税の削減は、住民への日常的な行政サービスを提供する行政に、合併を強烈に迫ることになった。かくして合併は、避けて通れないものとして意識されるに至った。

とはいえ、これまで存続してきたまちの幕引きをすることは、首長にとって筆紙に尽くし難い苦渋の選択である。それでもあえてそれに挑戦するしかないとすれば、合併こそがまちの将来を切り開くという確信を持たねばならない。そうでなければ、首長は合併協議を議会に提案したり、住民に説明することができないからである。

こうした文脈であるならば、合併を推進してきたことが決して間違っていないという確信を首長が持つに至ったとしても、不思議ではない。

住民に理解してもらえなかったという思い

決して間違っていないと確信していたことが住民投票で否決されたとすれば、それは住民に理解してもらえなかったからという言葉が首長らの口から出て来るのも、ある意味では自然の成り行きとも言える。そして確信を持つ持たないにかかわらず、合併を推進してきた首長や議員が合併破綻の要因として、真っ先に挙げるのが、この言葉である。

しかしながらこの言葉は、責任から逃れる単なる弁解にすぎないように思われる。例をあげれば次のようである。

私の住む岐阜県東濃西部三市一町の合併協議に関する住民意向調査の結果は、三市では合併反対が多数を占め、笠原町は逆に合併賛成が多かった。この意向調査の結果を住民の理解という観点からみれば、笠原町民には理解してもらえたのに、それを除く三市の住民には理解してもらえなかったということになる。同じような情報が提供されながらも、こうした結果となったのである。笠原町の住民に理解してもらえたことが、三市の住民にはなぜ理解してもらえなかったのか。住民の理解というだけでは、この問いに答えることはできない。

そもそも住民の理解といっても、その住民の置かれた条件によって大きく規定される。三市一町でこうした相違が生まれたのも、その自治体の人口や財政力によるところが大きい。平成の大合併が財政論に終始したこともあって、人口が少なく、地場産業の低迷により財政力が低下していた笠原町の町民が、将来の財政不安から合併を志向したのは十分に理解できる。こうした住民の置かれた客観的な基盤を無視して、住民の理解を持ち出すことはできない。住民の理解を得るのがきわめて困難な地域では、いくら努力してみてもなかなか理解してもらえないのである。

したがって、住民に理解してもらえなかったといっても、それは住民の置かれた状況を無視して、自分の見解を一方的に押しつけたからではないのか。住民の理解に問題があるのではなく、首長らの提起に問題があったのである。こうした問題の本質を隠すのに、住民に理解してもらえなかったという言葉は大変都合のよい響きを持っている。理解してもらう努力が十分でなかったという言葉がつけ加わると、いっそうその感が強くなる。

ところでこうした類の言い訳は、決してまれなことではない。

以前、ダム中止や公共事業の見直しをした田中康夫長野県知事は、県議会で不信任をくらったものの、失職に伴う知事選挙で圧倒的な勝利を納めたということがあった。知事再選後の、不信任に賛成した長野県議会議員について、石坂千穂県議は以下のように描写している。

「知事選の結果に対する受けとめと今後の田中新県政にどうのぞむかなどについて県議全員の回答を一覧表にしたこの記事を見ると、不信任に賛成した県議たちは、『県民の判断を真しに受けとめる』『明確になった県民の意志を尊重する』『今回の結果を民意として厳粛に受けとめる』などと答えているにもかかわらず、『不信任は誤りではなかった』『不信任決議は正しかった』『不信任が間違っていたとは思わない』と、何の反省もない。

不信任が道理がなく、正しくなかったからこその田中康夫氏の大量得票であり、県民の圧倒的多数によって彼らの不信任が否定されているのに、そのことがまったくわかっていない。

だから、『結果にいじけることはない』と居直ったり、『説明不足が結果的に田中氏圧勝をもたらした』『議会として説明責任が果たせなかったことを反省している』『説明するよう努力したが、市民に浸透しなかった』などと、あたかも説明がゆきとどけば理解を得られたという主張が多い。七月五日の不信任可決から九月一日の投票日まで約二ヵ月。二ヵ月という時間は、不信任に賛成した四四人の多数の県会議員たちが、それぞれの選挙区で有権者に説明することができない時間では決してない。

どこまでも自分中心の道理のないことは、どんなに説明しても、多くの心ある人たちに到底理解されないのだということが、彼らにはなぜわからないのだろう[15]」。

反省すべきは住民の総意とかけ離れていたこと

以上、決して間違っていないという確信が住民投票で否決されても、それは住民に理解してもらえなかったからである。しかしながら住民に理解してもらえなかったのは、住民の方に問題があるのではない。それは弁解にすぎず、責任逃れにしかならないことを述べてきた。

ところで、合併破談の政治的責任を問われた首長が、議会で「誠に申し訳ない」と応えるケースがかなり見られる。しかしそれは、合併を推進してきた住民や議員の期待に応えることができなかったことへの謝罪にすぎない場合が多い。すべての住民に対する、住民の総意とかけ離れて合併協議を進めてきたことへの詫びではない。しかし為政者が問われるのは、まさにこのことなのである。

首長も議員も、政治を直接担う者は何人も住民の福祉の向上に努める。そのための行政であり、そのための議会である。しかし、いくら住民の福祉のためによかれと思って遂行した施策でも、住民の総意とかけ離れたものであってはならない。一国の主権が国民一人ひとりにあるように、一人ひとりの住民が自治体の主人公だからである。首長も議員も、そういう住民の信託を得てまちの政治を担っているにすぎない。したがって、住民の総意が何よりも優先されなければならない。

住民はこれまで、首長や議員の選挙の際だけ主権者として行動してきた。その後は、行政や議会に任せきりであった。いわゆる「おまかせ民主主義」であった。それが住民投票によって、まちが直面する重要な課題に対して、住民の総意を示すことが可能となった。住民の信託を得てまちの政治を担っている者は、こうして示された住民の総意を尊重し、もしそこに住民の総意とかい離があったとすれば、住民に謝罪するとともに、施策の変更を図ることは当然である。以上のことは言うまでもなく、合併に関する住民投票についても言えることである。こうして、民主的な社会のあるべき姿に一歩近づくことができる。

最後に、住民意向調査でご破算となった合併を推進してきたひとりの市会議員がそれについて議会で述べた感想を紹介したい。為政者には、これを是非とも共有してもらいたいものである。

「我々議員を含め、市政の現場は、どうしても議会や市役所で市政が行われているような気がしますけれども、実際は、そういう市政はやっぱり市民の住んでいる現場でいろいろ起きていると思います。合併についても言えることではないでしょうか。我々は、合併は市民の声と思い熱心に合併を推進してまいりましたけど、しかしそれは議会や市役所の中でこういう盛り上がっていましたけれども、いつしか現場の市民の声を忘れて離れてしまっているところで我々は勝手にしておったという、この合併の破綻を機会に、市政は市民が主役であり、市民の現場の声を大事にすることを今後行っていく必要を大変強く感じました。この歴史的合併破綻を経験しまして、私はそのことを強く思いました」[16]。

おわりに

最近、次のような気になることが新聞で報じられた。

それによれば、市民税や固定資産税などの公的債権は地方税法によれば5年で消滅すると定められている。しかるに愛知県半田市は、時効となった滞納者に長期にわたって税の支払いを督促していたことが、誤った督促を受けた一人の市民の調査によってわかった。これに対し半田市は、その該当者に対し事実経過を説明する文書を送り、場合によっては返金にも応じる。ただし、「悪意はなかった」として半田市は謝罪はしないというのである[17]。

もし報道の通りであるとすれば、半田市の謝罪をしないという態度が全く理解できない。もしそうであれば、行政は大抵の場合謝罪を免れることになろう。そして合併協議を推進してきた首長や議会も、毛頭謝罪する必要がないことになる。

半田市のこのケースはそうたびたびあることではないが、産業廃棄物の不法投棄は今や全国のいたる所で大きな問題となっている。

岐阜市は約七五万立方メートルもの大量の産廃をかかえ、その撤去方法と撤去費用で揺れている。不法投棄された現場近くの住民の不安を訴える声に、行政がいちはやく耳をかたむけ対処していたならば、今日の事態を防ぐことができた。それを怠ってきた行政に、批判が集中するのも当然である。

全国的に見ても、おかしいと感じた近くの住民の声を自治体が無視してきたから、今日のような事態を招いたと言える。市町村は、行政の最も先端部分、住民との接点で職務を遂行しながら、住民の不安を共有してこなかったのである。高度成長期の公害と同じ過ちが、繰り返されているように思われてならない。

人間は間違いをするものである。その失敗から学び、正し、成長していく。行政も、その例外ではない。ここでは若干の例にとどめたが、それは枚挙にいとまがない。大事なことは、過ちを繰り返さないことである。そのためには、間違いに気づいた時は、その場をうまく取り繕うことではないし、また責任を他に転嫁することでもない。住民に謝罪すると共に、なぜそうなったかを明らかにし、そこから学ぶことである。

最近では行政も間違いをする存在であることを前提に、それによる市民の権利侵害を防ぐために、オンブズパーソン制度が一部の自治体で導入されたり、検討されるに至っている。こうした権力の自己批判について、篠原一東大名誉教授は「あえていいますと、近代社会が伝統社会と違うのは、自分のなかに批判能力があって、自己改革していけるのが近代社会の特色だろうと思います。その機能をもっていない近代社会はだめだと思います。ここに、国・地方を含めて、その政府の民主性の度合いをはかる重要な評価基準があるように思います[18]」と言う。

まさにそういう時代を少しでも早く迎えるために、為政者にも自分の非を認める勇気をまず持ってもらいたいものである。

第四節　国と自治体の対等・協力の関係について

国が主導した市町村合併

周知のように、二〇〇〇年四月施行の地方分権推進一括法によって、自治体は国の機関とみなされて、事務をこなしているだけの機関委任事務制度が廃止された。一部が国の直接執行事務となったほかは、自治事務と法廷受託事務となった。そして自治事務に関してはむろんのこと法定受託事務に関しても、国の関与は自治体の自主性・自立性に配慮してできるだけ小さくする。しかも国の指導、監督は法的な関与としてルール化され、さらに国の関与について自治体が直接争える、これまでに存在しなかった国地方係争処理委員会が設置されることになった。

かくして、国と自治体の関係は理念的には上下・主従から対等・協力の形態になったと言われる。平成の大合併からは、このことが実際にはどのように見えたかを以下で述べたい。

さて、平成の大合併は「自主的合併」である。これが本当の意味でそうであるとすれば、市町村に有無を言わせずに合併を遂行する強制合併ではないということだけでは不十分である。なぜなら、市町村が合併を決定する際、形式的にはいくらそうであったとしても、不本意にそうせざるを得ないとすれば、それは本当の意味で自主的合併とは言えないからである。それゆえ、自主的合併が表向きだけでなく、言葉の真の意味においてそうであるためには、国の合併推進策は合併の障害を取り除くことだけに限定される必要がある。

たとえば、合併してもただちにスケールメリットが作用するわけではないので、地方交付税の算定替特例を一定期間認める。あるいは合併後の議員定数の激減に対して、議員定数の特例を認めるなど、合併を志向する市町村の前に横たわる合併の障害を取り除くことにとどめられなければならない。

ところが平成の大合併は、自主的合併と言われながらも、それにとどまらなかった。それどころか、三、二〇〇余の市町村を二〇〇五年末には一、〇〇〇程度にすることを目指して、国は都道府県が主導権を握る形で、合併を積極的に推進したのであった。まさに自主的合併とは名ばかりの、国によって押しつけられた合併であった。

国の合併推進策として自治体に大きな影響を及ぼしたものとして、まず地方交付税の削減がある。これは一九九八年の人口四、〇〇〇人以下の小規模自治体に対する段階補正の見直しに始まり、三位一体改革による地方交付税の削減まである。また地方交付税が、臨時財政対策債に振替えられもした。

とりわけ自治体に決定的とも言うべきインパクトを与えたのは、二〇〇四年度の地方財政対策であった。この時、地方交付税と臨時財政対策債を合わせて、対前年度比一二%減にあたる二兆八、六〇〇億円も削減された。これにより、自立のまちづくりへの最後の望みが絶たれることになった。

地方交付税がこのように削減されたのに加え、第二七次地方制度調査会の西尾勝副会長のいわゆる西尾私案（二〇〇二年一一月）が、小規模自治体に大きな衝撃を与えた。合併特例法が切れた後、合併せずに残った人口が一定規模に満たない自治体は、権限を縮小する、もしくは他の自治体に編入することが提案されていたからである。もしそういうことになるのであれば、自らの意志で合併を早く決めたいという町村が出てくるのももっともであった。

こうして、まちの将来に対する不安が醸成された。もうやっていけないという思い込みが、行政も議会も支配するに至った。住民も、その流れに身を委ねるしかなかった。合併はしたくないが、せざるを得ないという言葉を、苦渋に満ちた役場の担当職員からたびたび聞かされたものである。

地方交付税の削減は、小規模自治体ばかりでなく、それに依存する都市にも大きな打撃を与えた。経費削減の行財政改革が大きな行政課題となり、究極の行財政改革である合併が検討されるに至った。その際、合併すれば巨額の合併特例債が発行できるという国の財政支援は、財政難に直面する自治体にとって、まさに渡りに船であった。それによって、遅れた社会基盤の整備が進み、疲弊した地域経済を少しでも潤すことが期待された。このために、合併すれば投資的経費にこれだけ多くの財源を支出できることが、合併のメリットとして住民に強調された。かくして合併は、経費削減と財源増を同時に実現するものとみなされた。

国はこうしたムチとアメを使って合併を推進してきたのであるが、その際都道府県の存在は大きい。言うまでもなく都道府県は、広域自治体として市町村に関する連絡調整にあたっており、市町村の実情に精通している。しかも市町村合併は、相手があって初めて実現できるものだけに、都道府県が県下の合併をリードすることが期待される。このため都道府県には、合併パターンを示した「市町村合併推進要綱」の策定や、「合併重点支援地域」の設定などが求められた。国が市町村合併を主導したのであるが、このように形の上では都道府県が前面に立って推進する体制が取られたのであった。

合併のねらい

それでは政府が上意下達的に平成の大合併を主導した意図は、そもそも何であったのか。最近の動向を踏まえて思うことは、次の通りである。

その前に、私が六年程前に雑誌『社会主義』（社会主義協会）に寄稿した「今なぜ合併なのかを問う」の中で述べた「合併の本当のねらいは何か」の一部をまず紹介したい。なおそこで引用している「報告書」とは、「市町村合併研究会報告書」のことである。それは、「市町村合併推進要綱」を策定する際の「市町村合併の推進についての指針」を作成するためにつくられた、自治省行政局長の私的な研究会の報告書である。

「『報告書』では、『市町村合併の一般的な効果』として、『地域づくり・まちづくり』や『住民サービスの維持・向上』とともに、『行政の効率化』が列挙されている。そしてそこでは、職員数の減少、三役や議員数などの削減、広域的な観点からの公共施設の効率的な配置を例示して、『行政経費の節約により、少ない経費でより高い水準の行政サービスが可能になる』と述べられている。まさにこの『行政の効率化』こそが、合併の本当のねらいである。

九四年一〇月の自治事務次官通達で、自治体は新たな行政改革大綱の策定が求められ、新地方行革が今全国的な規模で吹き荒れている。新地方行革大綱策定後も、財政危機はさらに一段と深刻化するに至った。今年度末における地方の借入金残高は一八七兆円、国の借金を合わせると六四五兆円で、GDP(国内総生産)の一・三倍になると推測されている。日本は今や世界の主要国で最悪の財政状況にあるばかりか、たとえ景気が回復して税収増がみられても、金利の上昇による公債費負担の方が税収増を上回る、つまり借金が減らないという、まさに財政破綻の状況にある。

財政再建は、したがって早晩取り組まざるをえない大きな課題である。政府や独占的な大企業の財政再建策として、次のことが考えられる。調整インフレで債務負担を実質的に軽くする一方で、消費税の大幅引き上げを柱とする増税と国有財産の売却によって歳入増を図るとともに、政府部門の大合理化（教育・福祉などの生活関連経費のカットを含む）によって経費の削減を実現する。したがって、市町村合併推進の圧力は、さらに高まる。野党の鳩山民主党党首でさえ、三月二九日の党首討論において、財政再建策として国有財産の売却、五年間で公共事業の三割削減とともに、三、三〇〇の自治体を一、〇〇〇程度に統合する、ことを述べている（『朝日新聞』二〇〇〇年三月三〇日）。

財政再建のためにまず必要なことは、不公平税制を是正して高所得者や資産家への課税強化を図ることである。また、大規模な公共事業の抑制、軍事費の縮小、国債費の減額などがなされるべきである。財政再建のために市町村合併を強行することは、もってのほかである。

しかしながらこのように、行政の効率化のために市町村合併が推進されようとしている。市町村合併を進めるのは、しかしそれにとどまらない。三、〇〇〇余の市町村が一、〇〇〇とか三〇〇とかに削減されれば、都道府県も再編されるのは必至である。道州制も視野に入れた、政府部門全体の再編につながっていくであろう(19)」。

基本的にはこうした私のとらえ方でよいと思うが、合併した自治体もしなかった自治体も、地方交付税の大幅な削減により、すさまじい行財政改革を強いられている現状である。つまり国の赤字のツケが地方に回され、自治体はその対応に四苦八苦している。そして自治体が、行政の効率化を進めれば進めるほど、国にとって地方交付税は将来ますます少なくてすむことになる。そしてまたそれによって、消費税の大幅引き上げの環境が準備される。ぎりぎりまで経費を削減したので、財政再建のためには消費税引き上げも国民の理解が得られるというのである。

ところで最近は、第二八次地方制度調査会での議論もあって、道州制が活発に取り上げられるに至っている。

市町村合併により、市町村の規模が大きくなったので現行の都道府県の存在意義は小さくなった。また地方分権を一層進めるために、国の仕事を外交や防衛、金融など国家の存続に必要なことに絞り、地方に権限と財源をできるだけ移譲する。このために、都道府県制度を見直し、九から一三に区割した道州制に移行するというのである。

私も市町村合併がもっと進めば道州制が必ずや問題になるとは思っていたが、市町村の数が一八二一となるこの段階でこれほどクローズ・アップされるに至ったことに、驚いている。道州制が具体化するには、合併がもっと進んで県から移譲される多くの事務が遂行できる自治体になることが必要であろうが、それに向けて市町村合併が着々と進められてきたことになる。

こういう観点から合併をとらえると、政府が市町村合併を主導してきたのは財政問題と共に、しゃにむに市町村の数を減らして道州制の基盤をつくることにあったと言える。しかしその道州制は、日本の地方自治の前進を図るためのものではなく、グローバル化に対応した自治体の再編にすぎない。(20)

国の機関から抜けきれない都道府県

市町村合併に関しては、広域自治体としての都道府県の役割が大きい。このために、都道府県が主導権を握る形で合併を推進することが政府によって求められたことは、既述した通りである。

こうした政府の求めに応じて、都道府県は市町村合併推進要綱を策定したほか、独自の支援策等を決定したのであった。市町村の合併パターンを盛り込んだ推進要綱の策定は、市町村が合併に向けて動き出すエンジンの如き役割を果たした。そしてそれを合併へ導くために、さまざまな支援策が用意された。

たとえば岐阜県の場合、まず支援体制として知事を本部長にする「市町村合併支援本部」と、地域振興局ごとに地域振興局長を本部長とする「現地支援本部」が設置された。具体的な支援策としては、「なんでも相談コーナー」の設置をはじめ、「市町村合併に関する各種情報提供等」「合併後の市町村の姿の提示」「合併の検討をする際の財政的・人的支援」「合併後のまちづくりに対する財政支援等」「権限委譲」「自主的な市町村合併への環境整備等各事業の分野における支援策」に至る七項目が列挙されている。(21) まさに至れり尽くせりである。

これに対し、「合併を強制しないなら、合併しない市町村へも援助することを打ち出すべきです」

との県議会での質問に対しては、「合併するしないにかかわらず、県としてはその地域が自立できるように全力を挙げて御支援申し上げなきゃならぬと思っております」[22]にとどまり、個別の支援に触れているだけである。

長野県は、その推進要綱で合併パターンを示さなかったばかりか、「合併を選択しない町村や、合併してもなお小規模な町村」への取り組みとして、次のような施策を打ち出した。それは、「特例事務受託制度の創設」と「市町村担当職員の設置など人的連携の強化」からなる。前者は、障害者福祉や僻地医療に関する事務など、専門性が高く、小規模町村では対応が困難な事務を有料で県が受託するもので、後者は地域の課題解決に向けて市町村と一体となって取り組むために、県庁各部局に市町村担当職員を配置するものである[23]。

こうした長野県のようなケースはきわめてまれで、大半の都道府県は県内の合併を推進した。どこのまちとどこのまちを合併させるといった直接の手出しはしないまでも、地方事務所を中心に合併機運の醸成のみならず、合併協議会の設置に向けて積極的に取り組んだのであった。都道府県はその際、市町村に対して従来の如くあたかも上位団体であるかのように合併を迫ったのであった。

今村都南雄中央大学教授は、都道府県の廃止を視野に入れた第二七次地方制度調査会の答申にある「変容を求められる都道府県のあり方」という表現を借り、「変容を迫られる都道府県」として次のように言う。

「まさしく、都道府県は変容を迫られているのだが、その際にそれこそ問わなければならないのは、それがどのような方向での変容なのか、ということである。地制調答申で示された基本的認識に従えば、都道府県の機能のうち市町村に対する補完機能は一般に縮減し、連絡調整機能に純化していくことになるであろうが、いうところの広域機能に関しては今後ますます重要でありつづけることになるとの見通しのもと、その広域機能の強化を図るには、現行の都道府県では面積規模が小さくなりすぎているから、さしあたり都道府県合併の可能性を追求し、それに併せて道州制への切り替えを展望しようというわけである。

さて、どうであろうか。都道府県が置かれている状況を評して、まるでリストラ組織における中間管理職の悲哀を味わえと言わんばかりだ、とつぶやいた友人がいる。部下の人員整理に苦慮しながら、その一方で自分自身の将来にも不安を抱えている中間管理職の立場にそっくりだというのである。なるほど、と応じながら、そうした比喩がなされるような国・都道府県・市町村の関係を、文字どおりの水平的な政府間関係に組み替えることこそが、いま求められているのではないか、それなのに、その関係構造を維持したまま、市町村に対してあたかも上位団体であるかのように迫ったり、広域自治体としての行政区域の拡大化のみを追求するのはいかがなものなのか、と考えさせられることになった。

基礎自治体の場合にしろ、広域自治体の場合にしろ、私たちはとかく『規模・能力仮説』を暗黙裏の前提にしがちである。規模が大きくなればなるほど自治体としての能力が強化されるというのだが、地方自治体が行政の組織単位であることを越えて、まぎれもなく自己統治のための政治的な組織単位であることに思いをはせるならば、行政運営上の能力の増強策にのみ明け暮れるわけにはいかない。広域自治体としての都道府県の将来像について考える際に私たちがとるべき基本戦略は、単なる行政区域の拡大戦略ではなく、国との関係のみならず、市町村との関係の組み替えをともなった、現在の都道府県の『完全自治体化』戦略ではないだろうか[24]」。

この文章は、直接的には都道府県合併や道州制への疑問・批判を試みたものであるが、相変わらず国の機関として振る舞う都道府県の有様を描写し、国・県・市町村の対等・協力な関係をつくるために県の「完全自治化」を求めたものである。全く同感である。

ところで都道府県は、なぜ国の機関から抜けきれないのか。

国と自治体の関係が法的や理念的には対等な関係になったからといって、長い歴史の中で身体の芯まで染みついた体質がただちに変わるものではないということ以外に、次のようなことが考えられる。

市町村に比べ、都道府県の行政サービスは住民を直接対象としたものが少なく、したがって住民と触れ合う機会も少ない。もちろん霞が関ほどではないが、県当局はその地域で実際に生活している県民というよりも、抽象化された県民としてとらえる向きが強くなる。そのために、県民が県行政に何を望み、期待するかにうとく、国に向いてしまうことになりがちである。

次に、行政区域が拡大し、人口が多くなればなるほど、組織力が事を決することになる。かくして、知事選挙をはじめ県行政に大きな影響力を及ぼすのは、地元の経済界ということになる。そして地元の経済界は、その全国組織とつながり、政権政党とも固いきずなで結ばれている。したがってここでも、国の意向が優先される。

最後に、議会の問題がある。県会議員は、県内の定員が少ない選挙区で選出される。このため、大選挙区の市町村議会議員の選挙と違って、小数の多様な住民の考えを代表する議員の選出は困難であり、議会は保守的な考え方からなかなか抜けきれない。

以上のように、都道府県が国の機関から抜け出ることは容易ではないが、「完全自治体化」に向けて都道府県が変わることが望まれる。

住民には自立を求めながら特例債に依存する市町村

以上、国がアメとムチで市町村合併を主導しながらも、都道府県がその主導権を握る形で市町村合併が推進されてきたことを述べてきた。ほとんどの都道府県は、市町村合併に関しては相変らず国の機関のように振る舞ってきた。

これに対し市町村の中には、国や県の主導する合併に抗して自立の道を選んだものもあれば、合併しようにもできなくて、不本意ながら自立の道を選ばざるを得なくなったものもある。あるいは住民の反対にあって、合併を断念するに至った市町村も少なくない。

とはいえ、地方交付税の削減など将来の財政不安から合併に踏み切った市町村が多い。この場合、形式は自主的合併でも泣く泣く国や県の意向を受け入れたのであった。

ここで私がとりわけ問題視するのは、国や県の財政支援、なかでも合併特例債を求めて合併したケースである。それに依存するようでは、市町村が国や県から自立し、国や県と対等・協力の関係に立つことはおぼつかないからである。

以下では、特例債に関して交わされたユニークな議論を紹介したい。

まずは、合併特例債の発行が認められる特例法の適応を受けた方がよいのかどうかについて議論が交わされた笠原町議会のことである。

片山善博鳥取県知事は二〇〇三年一〇月三日の『朝日新聞』の「私の視点」で、合併特例債の発行が無駄遣いにつながりかねないことや、国には交付税に特例債の償還財源まで上乗せできる余裕がないことを述べて、合併特例債に警鐘を鳴らしている。ある議員はこれを引き合いに出して、町長に慎重な対応を求めたのであった。

町長は他の議員への答弁の中で、そのことを持ち出してこう言う。「先程向議員の方から、鳥取県の片山知事さんは自治省の出身ですので、そういうことを言ってらっしゃるわけですが、しかし裏を返すと、合併しなくて合併特例債の適応にならないところはどうなるんだということになると、特例債の方へどんどん使っていけば、裏を返せば、そういう風な合併をしないところはもっと惨めになるよと、逆論が出てくるわけでございまして、そういう風なことを考えますと、やはりその辺の特例法にのるという事が、今の時点で出来ればその方がベターではないかという気がしております[25]」。

合併市町村が特例債に依存すれば、特例債に依存しないまちはもっと大変になるので、特例法の適応を受けた方がよいというのである。こういう観点から、特例債の発行を是認するのは大変めずらしい。

次は、多治見市議会でのことである。

ある議員は、テレビで石原慎太郎東京都知事と田原総一郎が合併の対談をしていた。その中で、特例債は合併市町村への手切れ金で、新市町村はそれをもらって喜んで箱物などをつくっている。特例債とは、そういうものだと言う。また前回の三市一町合併協議の際、特例債は返すのは二割か三割で、七割か八割がもらえる。逆に全部が借金で、後世にわたって返さねばならない。市民の特例債に関する認識は、この程度である。こうしたことを取り上げて、市民にきちんと特例債を説明する必要があり、そのためのプロジェクトチームの結成が可能かどうかを質問している。

これに対する助役の答弁は、「それから、特に特例債の問題で当然議論があったわけでございますけれども、私どもは、特例債の制度そのもののよしあしを論ずる立場になかったというふうに思っております。そういう制度がもうできてしまっているわけでございまして、その制度そのものに一般の市民の人、あるいは有識者の皆さんが、それぞれの主観的な考えで論陣をお張りになる、そういうことはあったわけですが、私どもは、その制度のよしあしの説明ができる立場になかったというふうに思っています。もう、議員の皆様は御存じですけれども、交付税という世界は地方の独自の財源でございますので、その独自の財源を我がまちのために有効に使わなければ市民にとって申しわけないというのが我々の立場でございます。その辺のところがうまく切り返して説明ができなかったのかなというふうに思っておりますけれども、今回の場合もそのあたりを含めまして、まずは議員の皆様方によく御理解をいただいて、市民の方々によくわかっていただけるような方策でやっていきたいと思っておりますので、特に、議員の皆様方にもそのあたり御協力をお願いしたい。そんなふうに思っております[26]」というものであった。

何が言いたいのか非常にわかりにくい答弁であるが、私には特例債を交付税と同一視し、特例債に依存することに何も気がねする必要がないことを言わんとしているように思われる。もしそうであるならば、大変な誤解である。

以上、特例債に関するユニークな見解を紹介してきた。このように、いろいろな観点から合併特例債の発行が正当化されている。

ところで、行政に何もかも依存することは止めて、自分たちでできることは自分たちでやって欲しい。どこの市町村でも、住民にこのように自立を求める声は、財政状況が悪化する中で、日増しに大きくなっている。住民に自立を求めるその自治体が、特例債を求めて合併に走っているのが現実である。

おわりに

以上のように合併問題から見た限り、国と自治体の関係はこれまでと同じで、主従・上下の関係から脱していないと言わざるをえない。

それというのも、保守政党や財界によって推進されている現在の地方分権改革が、地方自治の確立・民主主義の拡充それ自体を目的としたものでなく、経済の国際化に伴う国家機能の純化を目ざしたものであるからである。グローバリゼーションに対応する外交や防衛、国際貢献など対外的な政治に国家の役割を集中強化するために、国内行政にかかわる国の役割は小さくする必要があり、そのための地方分権改革である。それゆえ、国家からみてあまり重要でないこまごまとした関与は縮小廃止されたり、権限が地方に移譲される。しかし肝心の税源の移譲は、後回しとなる。

このことは、国と地方の財政関係を見直す三位一体の改革をみても、明らかである。

国と自治体の関係を対等・協力の関係に変えていくには、住民の自治意識の高まりと地方自治の確立や民主主義の拡充それ自体を目的とした地方分権改革が必要である。

〔注〕

（1）広報たじみ『タジミスト』№一九九三、二〇〇二年五月一日。

（2）拙著『わがまちが残った』一七七―一七八頁を参照されたい。

（3）東濃西部合併協議会『～活力、安心、創造を求めて～みんなでつくる、緑あふれる、交流のまち（東濃西部三市一町合併協議の状況報告書）』一二三頁。

（4）二〇〇四年八月一六日に、西濃圏域合併協議会会長よりなされた「公開質問状に対する回答について」（一六合協第六九号）による。

（5）『平成一二年第一回臨時会保谷市議会会議録』五一一―五一二頁と、『平成一二年第一回臨時会田無市議会会議録』八八―九〇頁に同じ意見書が掲載されている。

（6）『平成一二年一二月高浜市議会定例会会議録』一九七頁。

（7）『平成一六年第四回柳津町議会定例会会議録』四八―四九頁。

（8）拙稿「岐阜県東濃西部　三市一町合併協議の破綻後について（一）」『愛知県立大学外国語学部紀要（地域研究・国際学編）』第三七号、二〇〇三年三月、二一一―二一四頁。

（9）『平成十年二月定例愛知県議会会議録』六六七頁。

（10）辞職の理由として町長が述べていることは、合併反対票が賛成票を上回ったことの責任以外に、合併せずに単独で行くことに自信が持てないことと、辞職したほうが垂井町との合併がうまくいくということであった（『平成一六年第七回関ヶ原町町議会臨時会会議録』一二三―一二四頁）。

（11）町長は一〇〇分の一五、助役は一〇〇分の一二、収入役は一〇〇分の九、町会議員は一〇〇分の五の減額をそれぞれ二ヵ月にわたって実施した。

(12)「新しい白川町を創る会」のチラシ「『新しい白川町を創る会』からの意見広告」による。
(13)『平成一六年第四回羽島市議会定例会会議録』四〇頁。
(14)『平成一六年第七回関ヶ原町議会臨時会会議録』一六頁。
(15)石坂千穂『女性県議　さわやか奮戦記』高文研、二〇〇三年、一八八頁。
(16)『平成一六年土岐市議会第一回定例会会議録』一五五頁。
(17)『朝日新聞』二〇〇六年一月一七日。
(18)高橋清編『川崎の挑戦』日本評論社、一九九九年、二四〇頁。
(19)社会主義協会『社会主義』第四五〇号、二〇〇〇年八月号。同じものが拙著『市町村合併を考える』開文社出版、二〇〇一年に所収されている。
(20)拙稿「市町村合併・道州制と三位一体改革を斬る」全国自治体労働運動研究会『自治体労働運動研究』VOL.一五、二〇〇四年九月。
(21)岐阜県『岐阜県市町村合併支援要綱』(改訂版)平成一四年八月。
(22)『平成一五年第五回岐阜県議会定例会会議録』三〇三‐三〇四頁。
(23)長野県知事田中康夫「市町村『自律』研究報告を踏まえた長野県の取組みについて」(二〇〇三年二月一六日)二頁。
(24)『自治総研』第三〇四号、二〇〇四年二月号の「地方自治への視点」。
(25)『平成一六年第一回笠原町議会定例会会議録』三一‐一二頁の裏。
(26)『平成一六年第三回多治見市議会定例会会議録』四一頁。

あとがき

私は拙著『わがまちが残った』の中で、合併が破綻した際、「合併を推進してきた人は、それがうまくいかなかった原因を、自分たちの努力不足に求める傾向が強い」（二三五頁）と書いた。

しかしながら、それも一面ではあるが、彼らはそれほど謙虚ではなかった。本書の第二章で見た通り、自分の責任を棚上げして、他に責任を転嫁するケースが多かった。このため本書において、前書の訂正の必要を感じた。これが本書出版の理由の一つである。

今一つは、こうである。

自分のまちの合併問題が中心でも、それをじっと見つめていると日本の地方自治の底流に触れることができる。そこから日本の地方自治論が展開できるとは思わないが、今回の合併問題を通して、日本の地方自治の現状に関連したさまざまな事を考えさせられた。それを書き留めておきたいと思ったからである。本書のサブタイトルを「合併問題から見えた日本の地方自治」としたのも、そういう思いが込められている。

ところで私は、自分の住む多治見市に手厳しいコメントを加えすぎたかもしれない。もちろん私は、西寺市長のもとで遂行されている多治見市の行政の先進性を高く評価すると共に、誇りにも思っている。市長の『多治見市の総合計画に基づく政策実行―首長の政策の進め方』ばかりでなく、職員の手による『挑戦する都市・多治見市』や『多治見から変える』にも、すばらしい多治見市のまちづくりが紹介されている。そしてまた、議会の同意が得られずに廃案となった「多治見市自治体基本条例」ほど、市政の主人公としての市民の権利を保障したまちの憲法を私は他には知らない。

このように、多治見市のまちづくりはすばらしいし、私も市民のひとりとして大変誇りに思っている。

けれども、次のような面を多治見市が持っているのも事実である。

以下は、二〇〇六年度予算について説明した中で、「合併による効果」として広報たじみに掲載されたものである。

「歳入においては、地方交付税の特例措置分として3億6千万円、県の合併市町村支援交付金で1億4千万円加算されています。また、市債では後年度の交付税額に有利な合併特例債を借りることで、従来の市債を借りるより、約7億円の効果があると見込まれます。

歳出では、合併特例債を活用することなどにより実現可能になった事業として、多治見駅南北連絡通路整備事業、平和滝呂線整備事業、神戸・栄土地区画整理事業、潮見公園線整備事業などがあり、平成18年度当初予算における該当事業費の合計額は2億8千万円で、歳入と歳出の合計では約14億8千万円の効果があるものと計算しています」(『タジミスト』№二〇八七、二〇〇六年四月一日)。

合併住民説明会は一体何であったのかというのが、これを読んだ私の感想である。市債を合併特例債に切り換えることによる効果は、説明会資料では合併効果に算入されてはいない。そして特例債の対象事業とだけ言えばよいのに、「実現可能になった事業」とわざわざ言っている。とりわけ問題なのは、一四億八、〇〇〇万円の効果を誇ることではなく、説明会資料の四二億八、五〇〇万円をはるかに下回る金額にとどまったことの説明がないことである。また合併により、県道整備に関し九二億円促進されることになっていたが、二〇〇六年度はどうであったかの説明がない(私の調査では合併推進債は、わずか二、九七〇万円にすぎない)。

このように、合併説明会のことは何もなかったかのように、それに関しては何も触れていないのである。説明責任を果たさずに、厳しい財政の中で、合併によりこんなに大きな効果があったと市民に誇っているだけのように思われる。

これでは、他のまちの実態と少しも変わらない。

こうしたことを反省した上で、真に市民を市政の主人公とするような多治見市であって欲しいと願って、私はあえて厳しいコメントを加えたのである。

なお、第一章の第一節と第二節、第二章の第一節は、「岐阜県東濃西部三市一町合併協議の破綻後について（一）」『愛知県立大学外国語学部紀要（地域研究・国際学編）』第三七号、二〇〇五年三月、第二章の第二節は、「岐阜県東濃西部三市一町合併協議の破綻後について（二）」『愛知県立大学外国語学部紀要（地域研究・国際学編）』第三八号、二〇〇六年三月、に加筆修正を行ったものである。終章の第一節、第二節、第三節は、社会主義協会『社会主義』の第五二二号（二〇〇六年二月号）、第五二三号（二〇〇六年三月号）、第五二七号（二〇〇六年七月号）にそれぞれ掲載されたものに手をいれたものである。

『市町村合併を考える』に続く『わがまちが残った』、そしてさらに今回の本書と開文社出版から出版することになった。これらは私の合併に関する三部作とも言えるものであるが、出版を快く引き受けていただいた安居洋一開文社出版社長に改めて厚くお礼を申し上げる。

二〇〇六年八月

早川鉦二

著者略歴

早川鉦二（はやかわしょうじ）

1941年生まれ。1965年九州大学文学部卒業。1967年京都大学大学院経済学研究科修士課程修了。愛知県立大学教授（地方自治）。『自治体革新への道』（編著、えるむ書房、1994年）、『スウェーデンの地方自治』〈現代シリーズ12〉（労働大学、1999年）、『市町村合併を考える』（開文社出版、2001年）、『わがまちが残った』（開文社出版、2004年）など。

合併破談　その後
——合併問題から見えた日本の地方自治　〔検印廃止〕

2006年9月20日　初版発行

著　　者	早　川　鉦　二
発 行 者	安　居　洋　一
印刷・製本	モリモト印刷

〒160-0002　東京都新宿区坂町26
発行所　開文社出版株式会社
TEL 03(3358)6288・FAX 03(3358)6287
http://www.kaibunsha.co.jp

ISBN4-87571-870-5　C3036